Flugangst

aushalten
entlernen
vergessen

**Ute Fischer
Bernhard Siegmund**

Ein Buch aus dem

Redaktionsbüro Fischer + Siegmund
In den Rödern 13
64354 Reinheim

Fotos:
Fraport Seite 7, 27, 68, 69, 76
Ute Fischer Seite 16, 62, 67, 79, 81
Claudia Siegmund Seite 45, 49, 52, 53, 54, 55, 56, 57

Das Buch **Flugangst** wurde nach bestem Wissen und journalistischer Recherche zusammengestellt. Für Richtigkeit und Wirksamkeit der beschriebenen Anleitungen wird keine Gewähr übernommen

ISBN: 978-3-7347-3965-1

Jede Verwertung des Werkes außerhalb der Grenzen des Urheberrechtsgesetzes ist unzulässig und strafbar. Dies gilt insbesondere für Übersetzung, Nachdruck, Mikroverfilmung oder vergleichbare Verfahren sowie die Speicherung in Datenverarbeitungsanlagen.

© 2014 Ute Fischer + Bernhard Siegmund
Herstellung und Verlag Book on Demand, Norderstedt

Imhaltsverzeichnis

Angst ist, wenn man trotzdem fliegt 5

Verstehen, was Angst bedeutet 9

Angst abkoppeln vom Fliegen 14

Angst vor Ungewohntem 15

Angst bewusst machen 18

Katastrophenstimmung im Kopf 18

Wie äußert sich die Angst bei Ihnen? 18

Wenn der Körper verrückt spielt 20

Angst entlernen 27

Lernen und Entlernen 27

Strategien zur Entkrampfung 42

Die Vorbereitung auf den Flug 59

Stationen einer Flugreise 63

Ihr persönlicher Flugbegleiter 64

Was Sie sonst noch gegen Flugangst tun können 82

Julia an Jörg

Ich liebe. Ich werde geliebt.
Doch meine Flügel sind gefesselt.
Mit bebendem Herzen stehe ich am Flughafen. Und Panik schnürt mir den Hals zu.
Die Luft riecht nach Kaugummi und Kerosin, nach Schweiß und Angst.
Hastende Geschäftsleute und herum lümmelnde Urlauber formen ein Mosaik,
das mich einkreist und würgt.
Warum wohnst Du so entsetzlich weit weg?
Ja, ich weiß: Mallorca ist nicht aus der Welt.
Aber man kann nicht mit dem Zug hinfahren.
Dir erscheint es lächerlich.
Aber ich werde sterben, wenn ich in dieses Flugzeug muss. Noch bevor es abhebt, werde ich atemlos in meinem Sitz zusammensacken und auf den Boden sinken.
Und mein Herz, das Du so liebst, wird stillstehen.
Sie werden mich an den Beinen heraustragen wie einen Kartoffelsack.
Meine Haare schleifen über die Stufen der Gangway.
Und alle glotzen auf mein lebloses Gesicht, aus dem die Zunge schlaff heraushängt wie bei einem erschossenen Reh. Liebe besiegt nicht den Tod.
Und schon gar nicht, wenn ich alleine einsteigen muss.

Angst ist, wenn man trotzdem fliegt

Fliegen. Für die einen erfüllt es die älteste Sehnsucht der Menschheit, für andere bedeutet es eine lebensbedrohende Gefahr. Psychologen schätzen: Mindestens 70 Prozent aller Menschen haben Angst vorm Fliegen; auch wenn sie's trotzdem tun, tun müssen. Offizielle Zahlen sprechen zwar beschönigend von nur 35 bis 50 Prozent. Doch wenn es um Angst geht, wird eben gelogen, um das Gesicht zu wahren.

Leiden Sie unter Flugangst? Selbst Viel-unterwegs-Prominente wie der Modeschöpfer Karl Lagerfeld, der besonders männliche Mime Heiner Lauterbach und auch der sonst so taffe Peter Maffay betreten die großen Vögel nicht ohne Schmetterlinge im Bauch. Sie sind mit Ihren gemischten Gefühlen also keine Ausnahme. Dass Sie in diesem Buch lesen, nur ein bisschen blättern oder vielleicht ganz gezielt suchen, ist ein wichtiger erster Schritt, Ihre Flugangst in den Griff zu bekommen. Sie tun etwas dagegen. Millionen andere kneifen und laufen ein Leben lang vor sich selbst davon.

Flugangst. Was sind das für Menschen, die entweder vom ersten Flug restlos genug hatten oder diesen scheinbar lächerlich einfachen Schritt des Loslösens von der Erde überhaupt nicht wagen? Ganz normale Leute. Zum Beispiel Mike, ein Mittvierziger, der über die Kommunalpolitik hinaus wuchs und nun wöchentlich ins EU-Parlament nach Brüssel muss. Er flog schon mal mit einer kleinen Sportmaschine; das hat ihm gereicht. 20 Jahre ist das zwar her. Aber er fährt lieber in der halben Nacht von München nach Brüssel, als sich so einem "suspekten" Vogel anzuvertrauen.

Seinen EU-Kollegen erzählt er Märchen, warum für ihn das Auto effizienter sei. Seine Frau stirbt hundert Tode, wenn sie ihn nach einer arbeitsreichen Woche todmüde auf der Autobahn weiß.

Mike graust es auch vor Fahrstühlen, aber mit Kollegen und Mitarbeitern beißt er die Zähne zusammen, damit es nicht herauskommt. Lächerlich. Ja wirklich. Lange Straßentunnel umfährt er wegen des "grandiosen Panoramas" lieber auf engkurvigen Passstraßen. Er würde auch nie höher als im neunten Stockwerk wohnen. Doch sein gesteigertes politisches Engagement fordert eine schnellere Fortbewegungsart. Anders schafft er seine Termine in Zukunft gar nicht mehr. Bei Robert ist das ganz anders. Als Oberförster hütet er Fauna und Flora in seinem Revier. Hubschrauber-Einsätze konnte er bisher immer gut delegieren. Aber seine junge Frau nebst Töchterlein schwärmen nun mal für Urlaub am Meer. Ein Mal hat er sich breitschlagen lassen zu fliegen. Das Theater, das er im Flugzeug aufführte, hätte fast zur Scheidung geführt. Robert fliegt heute. Zwar weder mit Leidenschaft noch ohne Herzklopfen; aber er kann es ertragen.

Gabi, bald fünfzig, ist die Frau eines prominenten Fußballtrainers. Zusammen mit ihrem Mann könnte sie die halbe Welt bereisen, wenn sie nicht diese wahnsinnige Flugangst hätte. Ein paar tapfere Versuche überstand sie mit Weinkrämpfen und vom Steward getröstet. Die beginnenden Wechseljahre weckten in ihr statt Depression und Lethargie eher eine gewisse Aufmüpfigkeit, ihr Leben ein bisschen fester in die eigene Hand zu nehmen. Sie managt nun viele Dinge selbst und wagt sich an Neues. Ein Selbstverteidigungslehrgang und ein Auffrischungskurs für vergessenes Schulenglisch stärkten ihr versickertes Selbstbewusstsein. Der Motorrad-Führerschein konnte ihr gerade noch ausgeredet werden. Aber Fliegen wollte sie endlich können. Fliegen ohne zu leiden.

Eva, ein ganz anderes Extrem, düst als Managerin einer Werbeagentur alle paar Wochen im Flieger zu ihren Terminen. Aber die Angst steckt immer in ihrem Gepäck, in den Schuhen, im Blusenkragen, würgt und beutelt sie, dass ihr Kreislauf rebelliert, ihr Hören und Sehen vergehen. Sie spürt, dass sie etwas gegen diese Panikattacken tun muss, um auf die Dauer nicht krank zu werden.

Was für den einen der Traum vom Fliegen ist, wächst sich für die anderen zum echten Albtraum aus.

Bernhard hat zwar keine Angst vor Tunnels, Bergbahnen und Fahrstühlen. Er ist sogar schon öfter geflogen. Aber bei seinem letzten Amerikaflug überfiel ihn urplötzlich panische Angst bei der Vorstellung, dass sich unter ihm zehntausend Meter ohne Haltegriffe und Schlaufen befänden. Er betrank sich und flog nie wieder.

Die Angst vorm Fliegen hat viele Gesichter und viele Ursachen. Die meisten Menschen denken mit gemischten Gefühlen oder Panik an diesen großen Vogel, den der liebe Gott nicht in der Schöpfungsgeschichte vorsah. Doch wäre er Teufelszeug, würde ihn der Papst sicher nicht so häufig benützen.

Flugangst ist eine ganz verständliche Angst und es ist normal, sich im Flugzeug unsicher zu fühlen. Flugangst lässt sich auch nicht mit einem Fingerschnipp wegzaubern, denn es ist eine Krankheit wie Angst vor engen Räumen oder vor Spinnen. Aber man kann sie durch das Verstehen von Ursachen und Wirkungen und unter Einsatz von Kopf und Bauch schrittweise mindern, abbauen, abkoppeln vom Fluggerät und lernen, sie als sinnvolles Frühwarnsystem zu nützen.

Die Bekämpfung der Flugangst kann auch ein Ausgangspunkt zum Entlernen anderer Ängste werden. Wer Ängste nur vermeidet, wird immer und (schl)immer wieder von ihnen eingeholt. Schlimmstenfalls türmt sich Angst auf und beherrscht früher oder später das ganze Leben. Man darf nicht zulassen, dass ein ganzes Furchtpaket die eigene Seelenbalance ins Trudeln bringt. Lassen Sie sich nicht ein Leben lang von Ihrer Angst beherrschen. Tun Sie etwas dagegen. Niemand braucht dabei unnötige Risiken einzugehen oder Mutproben abzulegen. Setzen Sie sich nicht unter Druck. Wenn Ihnen Bungeejumping nicht gefällt, lassen Sie es. Es gibt einfachere Wege - in diesem Buch lernen Sie einige davon kennen.

Es ist zu schaffen. Und Sie können das auch.

Verstehen, was Angst bedeutet

Angst hat viele Gesichter. Angst ist ein Gefühl, das jedem von uns, ob Frau oder Mann, ob Jung oder Alt, aus eigener Erfahrung gut bekannt ist. Angst ist aber nicht gleich Angst. Wer es mit diesem Phänomen aufnehmen will, muss lernen, auch bei solchen elementaren Gefühlen Gutes und Schlechtes zu trennen.

Angst, die uns das Leben rettet

Angst gehört zu unserem Leben. Sie ist ein biologischer Schutzmechanismus, ein elementares Gefühl und notwendiges Warnsystem, um uns vor Gefahren, dem Verlust von Menschen, Gesundheit, Besitz und Ansehen zu schützen. Diese Angst entspricht konkreten Befürchtungen und Erfahrungen und lässt sich mit zielgerichtetem Handeln neutralisieren: Flucht, Angriff oder Aushalten. Je konkreter die Gefahr, desto klarer die Reaktionen. Reale Angst ist eine Begabung zum Überleben und ein Stück Hoffnung. Sie zu verdrängen hieße, fröhlich ins Verderben zu rennen. Der Verdränger schaltet das Notsignal ab. Mitmenschen in verantwortlichen Positionen, die keine Angst empfinden, sind eine Gefahr für die Menschheit.

Angst und Phobie

Wenn sich Angst auf etwas richtet, was eigentlich gar nicht so gefährlich ist, spricht die Psychologie von Phobie, bei der Flugangst von der so genannten Aviophobie. Schon im letzten Jahrhundert kannte die Wissenschaft mehr als 200 Phobien. Die bekanntesten sind wohl Agoraphobie (die Angst vor großen Plätzen), Klaustrophobie (Angst vor räumlicher Enge) und Akrophobie (Höhenangst), unter der beispielsweise Goethe entsetzlich litt. Er überwand sie mit einem einfachen, aber effektiven Trick, den Sie im Kapitel "Angst kommen lassen und ertragen" (auf Seite 35 nachlesen können.

Angst, die aus der Kindheit kommt

Sigmund Freuds in den Jahren 1915 bis 1932 entwickeltes, teilweise umstrittenes Angstmodell unterstellt, dass schmerzhafte, unakzeptable und bedrohliche Erlebnisse und Gedanken in früher Kindheit den Grundstein für spätere diffuse Ängste legen. Dunkelheit, Schmerzen, Einsamkeit, Lieblosigkeit, Bedrohung, Kälte, Hunger, Enge überfordern ein Kind, weil es solche Erfahrungen mit totaler Hilflosigkeit gleichsetzt. Um sich das Leben zu erleichtern, neigt der Mensch dazu, gefährliche Gedanken zu verdrängen, auszulöschen, wegzuwischen, zu vergessen. Dies gelingt aber nur in seinem Bewusstsein. In Unbewussten, im Gedächtnis schlummern sie weiter, brodeln irgendwann erneut auf und koppeln sich willkürlich an irgendein Objekt: ein Flugzeug, ein Tunnel, eine Bergbahn, eine Schiffschaukel, eine Waschstraße. Denken Sie einmal nach! Die meisten Ängste beziehen sich nicht auf konkrete, gefährliche Situationen und Dinge. Menschen mit Flugangst sind oft rasante Autofahrer oder Motorradfahrer mit halsbrecherischen Fahrmanövern.

Die Sache mit der Waschstraße

Selbst nach 20jähriger Fahrpraxis war Angelika W. noch nie mit dem Auto durch eine Waschstraße gefahren. Die in keiner Weise ängstlich, sondern absolut als couragiert zu bezeichnende Person vermied die automatisierte Wagenwäsche, indem sie das Fahrzeug nach dem Anrollen verließ und am Ende der Waschstraße wieder in Empfang nahm. Sie fragte sich nicht, warum sie das tat. Aber in ihrem Innersten empfand sie eine große Gefahr für ihr Leben, sich den Wassermassen auszusetzen. Ihre Phobie vor der Waschstraße löste sich eines Tages ohne besondere Therapie in Nichts auf.

Anlass war ein Fernsehbeitrag über ein Wasserball-Turnier mit Unterwasseraufnahmen von paddelnden, tretenden Beinen im mit Luftblasen aufgequirlten Wasser. Plötzlich fühlte sich Angelika W. in diesem Wasserstrudel und empfand binnen einer Schrecksekunde die lebensbedrohende Angst, keine Luft mehr zu bekommen. Blitzartig erinnerte sie sich daran, dass sie als Vierjährige im Hallenbad mehrfach von ihrem Bruder unter Wasser gedrückt worden war, so lange, dass sie glaubte, ertrinken und sterben zu müssen. Diese Erkenntnis ließ sie erst erschauern, dann aufatmen. Am nächsten Tag fuhr sie mit ihrem Auto durch die Autowaschstraße - ohne dabei Angst zu spüren. Als sie davon später ihrem Bruder erzählte, konnte der sich überhaupt nicht daran erinnern.

Kindheit und Flugangst

Viele Ängste entstehen in der Kindheit. Man lernt sie wie das Essen mit Messer und Gabel oder das Zubinden der Schnürsenkel. Sie haben ihre Wurzel teilweise in den ersten Minuten des menschlichen Lebens, bei der Geburt. Bedrohliche Enge herrscht im Geburtskanal, durch den das Kind mit Wehenkraft getrieben wird. Die Trennung von der Mutter, das Abnabeln von allen wichtigen Lebensversorgungssystemen entlässt das Kind hilflos in eine kalte, helle, laute Welt, auf die es zunächst nicht vorbereitet ist.

Schon der Säugling versucht, schmerzliche Ereignisse

zu vermeiden. Wird seine elementare Angst nicht durch liebevollen Trost, durch die Vermittlung von Schutz und Geborgenheit besänftigt, entwickelt das Kind eine ängstliche Grundhaltung, die Phobien geradezu heraufbeschwört. Erziehung, die Mut und Selbstbehauptung bestraft, kann wiederum dazu führen, dass Kinder verlernen, bis an die Grenzen ihrer Möglichkeiten vorzustoßen und die aktive Auseinandersetzung mit ihrer Umwelt verkümmern lassen.

Irrationale Ängste sind unverbrüchlich eingebrannt im emotionalen Gedächtnis für Furcht, in den neuronalen Netzwerken des Mandelkerns, einer Hirnregion, die tief unter der Hirnrinde des Schläfenlappens gelegen ist.

Auch das Miterleben eines Unfalls, die beobachtete Hilflosigkeit anderer Menschen oder auch angstvoll empfundene Abhängigkeiten können sich in Ängsten kanalisieren, die sich eigene Wege suchen, aber eines Tages fatal unseren Lebensweg wieder kreuzen. Andere Beispiele sind ein aufregender Film, ein nicht kindgerechter Abenteuerroman, Opas Kriegserzählungen, eine selbst erlebte Bombennacht. Häufig löst ein unterschwelliges Parallelerlebnis die alte Angst wieder aus. Auch Flugangst kann so entstehen.

Angst lernen und entlernen

Der Mensch vermag fast jedes Verhalten zu erlernen und auch wieder zu vergessen - zu entlernen. Nahezu jedes Kleinkind hat Angst vor Donner und Blitz, vor Teufeln und Kobolden, großen Tieren, dem Nikolaus mit seinem Knecht Ruprecht und dunklen Kellern. Im Zuge der schulischen Ausbildung lernt der oder die Heranwachsende die wahren Hintergründe und Ursachen solcher scheinbar bedrohlichen Empfindungen zu analysieren, Einbildung und Realität zu trennen. Vieles kann jetzt als falsch bewertete Bedrohung erkannt und aus der Sicht des eigenen Kindheits-Ichs bei Seite gelegt, entlernt werden.

Als Nächstes entwickelt sich das Eltern-Ich. Eltern sehen gelegentlich mit Vergnügen oder auch Schrecken, wie die eigenen Verhaltensweisen von ihrem Kind spielerisch übernommen und dargestellt werden. Auch Ängste und Phobien werden auf diese Weise weiter gereicht, vom Kind aber manchmal auf völlig andersartige Objekte oder Lebewesen übertragen -seien es nun Flugzeuge, große oder kleine Hunde oder Spinnen. Der Prozess des Angst-Lernens in dieser Phase funktioniert also nicht nach dem Prinzip der Blaupause. Auch wenn die Eltern gerne fliegen, kann das Kind aus einer inneren Protesthaltung heraus oder auf Grund von Verlustängsten seine Furcht an das Transportmittel koppeln und Flugangst entwickeln.

Unangemessene Ängste

Im Gegensatz zur Furcht, die immer von einem konkreten Grund ausgelöst wird, türmt Angst eher unbestimmte, unmotivierte und abstrakte Befürchtungen auf: Flugangst zählt zu den unangemessenen Ängsten, deren auf Dauer krank machenden Teufelskreis Sie durchbrechen müssen. Dies gelingt nicht, wenn Sie die angstvollen Situationen weiterhin vermeiden, sondern nur, wenn Sie sich konstruktiv mit realen Elementen der Angst auseinander setzen. Es ist nicht einfach, die Ursachen seiner seelischen und körperlichen Verletzlichkeiten aufzuspüren, aber auch nicht unmöglich. Das setzt voraus, dass man sich seiner Angst stellt, anstatt ihr immer wieder aus dem Weg zu gehen. Erfolg versprechend sind die Kontaktaufnahme mit Bezugspersonen aus der Kindheit, Gespräche mit Psychologen und in Selbsthilfe, in einer Selbsthilfegruppe oder in Selbstverwirklichungsgruppen, wie sie allerorten über einen längeren Zeitraum oder als Wochenendseminare angeboten werden. Auch in "Seminaren für entspanntes Fliegen" (siehe Kapitel "Was Sie sonst noch gegen Flugangst tun können", Seite 82) erfahren die Teilnehmer Denkanstöße, um die auslösenden Gründe für Flugangst in ihrer Psyche aufzuspüren.

Angst abkoppeln vom Fliegen

Die schlimmsten Katastrophen finden in unseren Köpfen statt. Dazu tragen die Nachrichten und Unterhaltungsmedien bei. Flugzeugunfälle, Eisenbahnunglücke und Schiffskatastrophen "erfreuen" sich, weil sie im Grunde genommen so selten sind, besonderer Aufmerksamkeit der Sensationsreporter. Fotografen wetteifern um die ersten und möglichst blutigen Fotos, weil die am besten bezahlt werden. Tödliche Unfälle mit Autos, Motorrädern oder Fahrrädern hingegen gehören zum normalen Leben und sind mit ganz wenigen Ausnahmen allenfalls ein paar Zeilen wert. Niemand berichtet darüber, dass täglich zigtausende von Flugzeugen alleine in Europa ohne Zwischenfall ihr Ziel erreichen. Ein Heer von Drehbuchschreibern bemüht sich ständig, noch Schrecklicheres, Aufregenderes, Wahnsinnigeres zu erfinden, um selbst den Hartgesottensten den gewünschten Nervenkitzel zu bescheren. Beide, Sensationsberichterstattung und Horrorfilme und –romane, sind geeignet, als vermeintliche Wahrheit unbewusst verinnerlicht zu werden. Mit diesem Input kann sich schon ein normales mulmiges Gefühl in beliebiger Situation zur unbeherrschbaren Angst verstärken. Dass sich solche Angst an das Flugzeug koppelt, passiert dann wieder "rein zufällig".

Angst vor Ungewohntem

Sie liegen im Bett und hören ein Geräusch, das Sie nicht zuordnen können. Holz knarzt, klopft und seufzt unter Temperaturschwankungen wie ein Poltergeist. Der Mieter über uns wirft im Schlaf eine Flasche um, und schon wähnt man einen Einbrecher an der Haustür. Genau wie jedes andere Verkehrsmittel überrascht uns auch das Flugzeug mit einer Fülle von Geräuschen, die wir nicht zuordnen können. Wir fanden im Internet unter YouTube mehrere verschiedene Tonaufzeichnungen (zum Beispiel Tuifly) über Geräusche bei Start und Landung und auch noch gut erklärt. Die früher produzierte Hörkassette gibt es nicht mehr. Heute spielen die Trainer der Flugangst-Seminare die Geräusche von ihrem Laptop ab.

Ist man ausgeliefert?

Warum soll man die sprichwörtliche Höhle des Löwen meiden? Weil viele Spuren hinein, aber keine wieder heraus führen. Die Lehre aus der Welt der antiken Tierfabeln findet einen späten Widerhall bei vielen Menschen in der heutigen Zeit. Sie empfinden das Einsteigen ins Flugzeug als einen Weg in eine Röhre ohne Ausgang, einen letzten Gang ohne Fluchtmöglichkeit. Das ist leicht nachzuvollziehen: Der Weg durch den gewundenen "Finger", dann die Enge des Eingangs. Die Kabine ist dunkler als der gerade verlassene Warteraum mit großem Panoramafenster zum Flugfeld. Die

Fenster sind klein und man kann sie nicht öffnen. Die Sitze sind, wenn man nicht in der Ersten oder Business-Klasse fliegt, vielleicht etwas schmaler als die Theatersessel der besten Reihe. Die Gangway als letzte betretbare Bodenverbindung wird eingezogen oder weggerollt. Für manchen bedeutet auch das Schließen der Bordtüre das totale Abnabeln von seinem Erdenleben. In diesem Moment fällt es sicher schwer, sich entspannt zurückzulehnen. Sie fühlen sich ausgeliefert, weil Sie nicht selbst in das Fluggeschehen eingreifen können? Könnten Sie das wirklich? Könnten Sie eine Lokomotive oder einen Reisebus steuern, wenn Sie an der Ernsthaftigkeit und Kompetenz der Lokführer

oder Busfahrer zweifeln? Dann schauen Sie beiden einmal beim Rangieren zu. Manchmal hilft es schon, die folgende Überzeugung zu verinnerlichen: Auch Piloten und Flugbegleiter möchten wieder heil heimkommen.

Ängste und die daraus resultierenden Panikattacken unterliegen der Dynamik von neurotischen Schaltkreisen, die man in sich selbst züchtet. Je öfter ein Denkvorgang wiederholt wird, umso schneller fließen automatische Prozesse. Einfachstes Beispiel: die Gänsehaut. Bei großer Kälte plustern sich Vögel auf: Und auch der Haarpelz von Tier und Mensch richtet sich zum wärmenden Luftpolster auf: Dieser natürliche Schutzmechanismus automatisiert sich mit der Häufigkeit bedrohlicher oder unangenehmer Ereignisse. Früher oder später entwickelt sich Gänsehaut nicht nur bei Kälte, sondern auch bei hässlichen, ekelhaften oder einfach unangenehmen Situationen, bald auch bei Bildern oder bloßen Gedanken. Und das selbst bei 30 Grad im Schatten.

Versuchen Sie, Ihre Flugangst möglichst detailliert zu beschreiben:

Angst vor einem Absturz
Angst zu sterben
Angst zu ersticken
Angst ohnmächtig zu werden
Angst sich zu übergeben
Angst sich lächerlich zu machen
Angst vor den Menschen
Angst, Ihre Angst sichtbar werden zu lassen
Angst vor der Angst

Das Schlimmste ist die Angst vor der Angst, das werden Sie an sich selbst feststellen. Der Wunsch, Angstattacken zu vermeiden, kann so übermächtig werden, dass man sie unbewusst herausfordert. Wer sich sorgt, dass er rot werden könnte, läuft erst recht an wie ein Feuermelder. Genauso ergeht es dem Stotterer, der sich darauf konzentriert, nicht zu stottern, oder einem Patienten, den man anweist, bei einer Untersuchung möglichst nicht zu schlucken. Der Speichel quillt ihm erst recht aus allen Drüsen und rinnt ihm durch die Kehle, dass er glaubt, ertrinken zu müssen. Dieses paradoxe Phänomen, dem wir ausgeliefert scheinen, gilt es zu durchbrechen und dann sinnvoll einzusetzen.

Angst bewusst machen

Gehen wir systematisch vor. Wir wissen jetzt, wo Angst herkommen kann. Manches ist erlernt, manches unbewusst übernommen worden. Angst äußert sich, aber sie tut es nicht auf irgendeine Weise – und nicht immer gleich.

Katastrophenstimmung im Kopf

Flugangst erleben wir subjektiv – und jeder anders. Weil sich Angst - obwohl "nur" ein Gefühl- nicht allein im Kopf abspielt, sondern in unserem ganzen Körper, erleidet jeder Mensch seine panischen Attacken anders. Lösen Sie die körperlichen Symptome von der Flugangst und betrachten Sie Ihre Befindlichkeiten isoliert; das hilft Ihnen, Ihre Flugangst in kleinere Häppchen zu portionieren. Solche kleineren Bissen schlucken sich leichter und sind besser verdaulich.

Wie äußert sich die Angst bei Ihnen?

Als Antwort auf ein Wirrwarr unausgesprochener Fragen, Befürchtungen und Erinnerungen überfällt uns die Angst wie ein facettenreiches Mosaik negativer Befind-

	schwach vorhanden	Stark vorhanden	Übermächtig
Druck auf den Ohren	O	O	O
Hörschwierigkeiten	O	O	O
Ohrensausen	O	O	O
Ohrgeräusche	O	O	O
Sehstörungen	O	O	O
Doppelt sehen Schaufensterblick	O	O	O
Atemnot	O	O	O
Herzbeklemmung	O	O	O
Herzrasen	O	O	O
Herzstolpern	O	O	O
Magenkrämpfe	O	O	O
Magenbrennen	O	O	O
Sodbrennen	O	O	O
Durchfall	O	O	O
Harndrang	O	O	O
Übelkeit	O	O	O
Erbrechen	O	O	O
Trockener Mund	O	O	O
Schwitzen	O	O	O
Frieren	O	O	O
Gänsehaut	O	O	O
Kopfschmerzen	O	O	O
Schwindel	O	O	O
Verspannungen	O	O	O
Muskelschmerzen	O	O	O
Kloß im Hals	O	O	O
Taubheitsgefühl	O	O	O
Zittern	O	O	O
Weinen	O	O	O

lichkeiten. Machen Sie Ihre Angst an konkreten Punkten fest. Als erster Schritt zur Entwirrung picken Sie die Elemente heraus, an die Sie sich am besten erinnern. Machen Sie es wie beim Mikado-Spiel: Die leichtesten Schikanen werden zuerst in Angriff genommen. Versuchen Sie sich zu erinnern, welche körperlichen Symptome Ihre Flugangst einläuten, verstärken oder unerträglich machen. Kreuzen Sie diese Begriffe in der vorstehenden Liste an. Bewerten Sie die Stärke Ihrer Symptome nach Intensität. Streichen Sie Symptome, die Sie nicht betreffen oder die Sie nicht sonderlich bedrücken. Fallen Ihnen weitere Symptome ein, die in der Liste fehlen? Hier können Sie sie notieren.

	schwach vorhanden	Stark vorhanden	Übermächtig
	O	O	O
	O	O	O
	O	O	O
	O	O	O
	O	O	O

Wenn der Körper verrückt spielt

„Angst essen Seele auf": Der Titel des Films von Rainer Werner Faßbinder von 1974 beschreibt sehr plastisch, wie Angstgefühle Körper und Geist beuteln können, obwohl gerade Flugangst vordergründig im Kopf abläuft. Ein kleiner Exkurs in die Biologie erklärt den Zusammenhang.

Sympathikus und Parasympathikus

Das menschliche Nervensystem besteht aus zwei Teilen: Das eine Leitungsnetz steuert Sprechen, Denken,

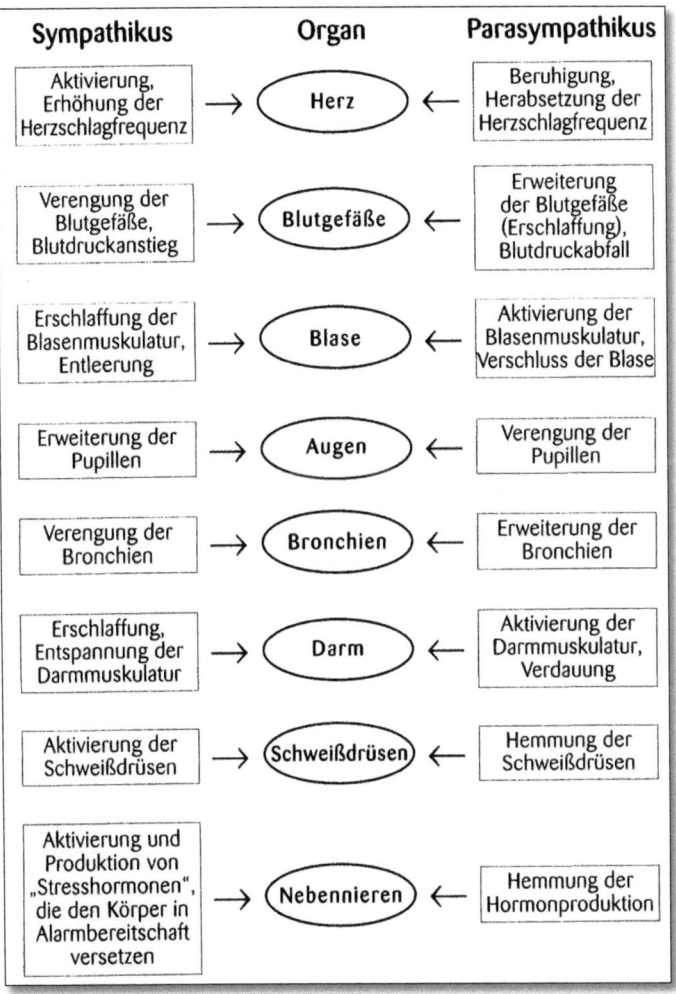

Die Wirkung des sympathischen und parasympathischen Teilsystems auf verschiedene Körperfunktionen

Sehen und alle Tätigkeiten, die wir bewusst in Gang setzen. Das zweite Leitungsnetz, das vegetative oder autonome Nervensystem, regelt Abläufe wie Verdauung, Atmung, Herz, Kreislauf sowie hormonelle Vorgänge ohne unser Zutun. Dieses, willentlich nur wenig beeinflussbare Teil-Nervensystem gliedert sich ebenfalls in zwei Zweige. Der Sympathikus sorgt für Anspannung und Mobilmachung, der Parasympathikus für Entspannung und Erholung. Ergreift uns Angst, programmiert der Sympathikus alle Körpersysteme auf "Alarm".

Für den Urmenschen gab es bei Gefahr nur zwei Alternativen: Kämpfen oder Weglaufen. Auf beides stellt sich der Körper in Bruchteilen einer Minute ein: Stresshormone wie Adrenalin und Kortison werden ausgeschüttet und aktivieren urplötzlich verschiedene Organe. Gefäße verengen sich und peitschen dadurch Kreislauf und Herz an. Die Leber setzt Zucker frei. Bis zu fünf Mal schneller jagt das Blut durch den Körper, um sich mit Sauerstoff und Zucker anzureichern.

Muskeln spannen sich. Schweißdrüsen arbeiten auf Hochtouren. Der Mund wird trocken. Die Lippen spannen. Alle im Moment nicht lebenswichtigen Funktionen ruhen. Der Darm erschlafft. Trotz leeren Magens und frühen Aufstehens verfliegen Hunger und Müdigkeit. Zärtliche Anteilnahme, ein beruhigendes Streicheln erreichen uns nicht. Selbst wenn uns jetzt die große Liebe unseres Lebens begegnen würde, das herbeigesehnte Idol - wir hätten weder Blick noch Interesse dafür übrig.

Ohne unser Zutun versucht nun der Parasympathikus dem Chaos in unserem Körper entgegenzuwirken. Allerdings geht das unter Umständen aus wie die Sache mit Teufel und Beelzebub: Das Wiederanregen der Verdauungsvorgänge kann zu Übelkeit, Harndrang,

Durchfällen oder Erbrechen führen. Jeder hat das schon einmal erlebt. Daher stammen auch die typischen Äußerungen vom "Schiss-Haben" oder "Mach dir bloß nicht in die Hose". Mit aller Gewalt schaltet der Parasympathikus nun auf Ruhe, als wolle er einen Motor von Vollgas schlagartig auf Null stellen. Zitternd, vielleicht schweißnass registrieren wir diesen Vorgang mit großer Schlappheit und starker Erschöpfung.

Hyperventilieren steigert die Panik massiv

Manchmal sieht man bei Katastrophen-Berichterstattung im Fernsehen, wie Opfer in Plastiktüten atmen. Die durch tiefe Angst veränderte Panikatmung führt zur Hyperventilation. Das passiert fast immer unter Angst. Durch heftige, aber flache Brustatmung atmen auch Sie zu viel Kohlendioxid *(CO_2)* aus und stören damit das Gleichgewicht von Sauerstoff und Kohlendioxid im Blut. Dieses falsche Atemmuster stellt sich bei fast allen Angstzuständen ein, auch wenn Sie es selbst kaum wahrnehmen. Und nicht nur beim Fliegen -beobachten Sie sich selbst. Dauert die Hyperventilation länger an, wird der Anteil von ionisiertem Kalzium im Blut herabgesetzt; dadurch verengen sich Gefäße im Hirn. In der Folge sensibilisieren sich die Nervenzellen und signalisieren Befindlichkeitsstörungen wie Schwindel, Sehstörungen, Benommenheit, Herzklopfen, Taubheitsgefühle, Schmerzen in Bauch, Kopf und Magen.

Panik üben?

Probieren Sie diese künstlich erzeugte Angstkonfrontation in einer angstfreien Stunde aus. Rund 20 Mal schnell und flach atmen genügt in der Regel, um den Körper in Panik zu bringen. Vielleicht wird Ihnen ein wenig übel, schwindelig oder die Hände flattern. Das schadet nicht. Atmen Sie danach sechs, sieben Mal tief und ruhig in den Bauch und erleben Sie wohltuend, wie die körperliche Erregung wieder abebbt. Das gleichmäßige Durchziehen des Atems löst verkrampfte Muskeln und die Panikstimmung unserer Gedanken. Freilich lassen sich Angst und Befürchtungen nicht einfach wegatmen. Aber man kann sie besser ertragen, ihnen mit Kopf und Verstand begegnen, damit der Körper nicht auch noch verrückt spielt.

Symptome von der Angst lösen

Lernen Sie, Angst und Symptome getrennt zu sehen. Was der Mensch versteht, ängstigt ihn weniger und hilft ihm, seine Symptome realistischer zu bewerten. Ihre Befindlichkeitsstörungen haben nichts mit dem Fliegen zu tun, sondern sind eine Abfolge fehlgeleiteter, hoch geputschter Körperreaktionen.

Herzklopfen, Herzbeklemmung

Mit jedem Adrenalinschub gibt das Herz Gas, um kräftig und schnell Sauerstoff und Zucker über die Blutbahn zu den Muskeln zu pumpen. Wir erleben es als Herzrasen. Das Herz klopft uns bis zum Hals, um uns für vermeintlich nötige Abwehr oder Flucht fit zu machen.

Atemnot, Herzbeklemmung, Herzbrennen, Magenbrennen

Das instinktive heftige flache Atmen (Hyperventilieren) ist in der Urgeschichte des Menschen ein Japsen nach möglichst viel Sauerstoff, um die Kräfte zum Weglaufen oder Draufschlagen zu konzentrieren. Weil dabei zu viel Kohlendioxid ausgeatmet wird, kommt es zu einem Überangebot von Sauerstoff in Bronchien und Lungenflügeln. Die Lunge ist prallgefüllt wie ein Luftballon, ohne dass diese Sauerstoffreserve benötigt wird. Der Druck im Brustkorb ist so stark, dass man ihn als Atemnot empfindet. Rasche Hilfe bringt das „Luftablassen" (auch wieder ein geflügeltes Wort). Tiefes Aus- und Einatmen lockern den Druck. Manche Angstpaniker unternehmen instinktiv energische kraftvolle Bewegungen, laufen hin und her, als wollten sie unbewusst den Druck abbauen. Das funktioniert tatsächlich. Bewegung baut in der Tat Spannung ab.

Übelkeit, Schwindel, Sehstörungen

Da muss ja der ganze Organismus durcheinander kommen: Sympathikus rüstet für größten Alarm auf: mobilisiert Herz und Lunge, verengt die Gefäße und schaltet andere Organe auf Leerlauf. Ganz anders der Parasympathikus: Er wirft den eben stillgelegten Magen, Darm und die Blase wieder an und erweitert die gerade erst verengten Gefäße.

Verspannungen, Zittern, flatternde Finger und Schwabbelknie

Unter dem ersten Schreck schaltet der Sympathikus den Strom in allen lebenserhaltenden Systemen an. Spannung baut sich auf und kann sich nicht entladen.

Es ist eine „Unnützspannung", die mit der zu erbringenden Leistung, nämlich Fliegen zu wollen, nichts zu tun hat. Geht diese Spannung über das tatsächlich notwendige Maß hinaus, führt dies zu Überspannung, zu Verkrampfung und sich anschließender Erschöpfung. Man ist fix und fertig!

Frieren, schwitzen

Auch wenn der Mensch mit seiner Angst erstarrt, erwärmen sich seine Muskeln, als wolle er gleich losstürmen, zuschlagen oder weglaufen - wieder das gleiche Muster wie bei unseren Ur-Vorfahren. Das Zittern dient ebenfalls dem Erwärmen der Muskeln. Das Verdunstungsprinzip eines Kühlschranks stammt von dem physikalischen Biomodell, warme Muskeln mit Schweiß zu kühlen. "Mir wird kalt und heiß zugleich!" Sie wissen am besten, dass an diesem Spruch etwas dran ist.

Flaues Gefühl im Magen, Übelkeit, Erbrechen, Stuhl- und Harndrang

Wieder spielt uns der Parasympathikus einen an sich gut gemeinten Streich. Die unter Panik vom Sympathikus stillgelegten Organe wie Magen, Verdauung, Blase werden wieder und mit besonderer Intensität aktiviert. Was als Gleichgewicht beabsichtigt ist, äußert sich als kreuzübles Unbehagen. Nicht umsonst heißt es im Volksmund "Ich mach' mir vor Angst in die Hosen!"

Angst entlernen

Die Fähigkeit, Angst zu empfinden ist nicht nur den Menschen, sondern auch den Tieren angeboren. Obwohl Hund, Katze und Pferd sehr wohl als lernfähig zu bezeichnen sind, werden sie ein Gewitter trotz beruhigender Worte ihr ganzes Leben lang nie angstfrei erleben. Umgekehrt der Mensch: Er besitzt das Potenzial, sein Denken und Verhalten durch Lernprozesse zu steuern.

Lernen und Entlernen

Die kindliche Angst vor Gewitter, Hexe und Schwarzem Mann verlöscht im Zuge der schulischen Ausbildung und durch positive Erfahrungen, wenn sich die scheinbar bedrohlichen Situationen und Individuen als

Der erste Schritt muss nicht gleich ins Flugzeug führen. Statten Sie doch einmal dem nächstgelegenen Flugplatz einen Besuch ab.

harmlos oder zumindest beherrschbar erweisen. Früher oder später begreift ein Kind, dass die Hexe nur eine alte oder hässliche Frau und der Schwarze Mann eigentlich ein Glücksbringer ist.

Umgekehrt entsteht Angst oder bleibt beherrschend, wenn sich die Auseinandersetzung mit der scheinbar bedrohlichen Situation in Hilflosigkeit und Kontrollverlust steigern. Dann erleben wir nicht mehr die eigentliche Situation als bedrohlich und beängstigend, sondern die Unfähigkeit, die Situation aus eigener Kraft beherrschen zu können. Jedes weitere Parallelerlebnis verschlimmert sich durch ein Denkverhalten, das derartige Vorfälle dramatisiert und kumuliert.

Verhaltensforscher vermuten, dass der Mensch diese Unfähigkeit an sich unbewusst registriert, unbewusst negativ bewertet und deshalb derartige Situationen vermeidet, um sein Selbstwertgefühl nicht zu verlieren. Diesen Teufelskreis gilt es zu durchbrechen, indem Sie die Fähigkeit erlernen, sich bewusst Ihrer Angst zu stellen, statt ihr auszuweichen.

Die Konfrontation mit der Angst kann und soll in sehr kleinen Schritten geschehen, damit ein Erfolgserlebnis zustande kommt. Denken Sie an das Mikado-Spiel. Wichtig ist:

- Erobern Sie Ihre Angst alleine. Selbst wenn der Partner ebenfalls unter Flugangst leidet, muss er seinen eigenen Weg, vielleicht trotzdem mit dem gleichen Buch, gehen.
- Überfordern Sie sich nicht. Muten Sie sich aber so viel Angst zu, wie Sie bereit sind, auch wirklich aushalten zu wollen.

- Wenn Sie noch nie geflogen sind: Machen Sie einen Ausflug zu Ihrem nächsten Flughafen. Setzen Sie sich auf die Besucherterrasse und betrachten Sie die abfliegenden und ankommenden Flugzeuge. Inspizieren Sie die Abfertigungsschalter und Gates, die für Abholer und Besucher erreichbar sind. Überzeugen Sie sich, dass genügend Toiletten und Sitzgelegenheiten vorhanden sind, um Unpässlichkeiten zu begegnen. Nehmen Sie sich die Zeit für eine Sightseeing-Tour mit Flughafenbesichtigung.

- Tun Sie täglich etwas, um Ihrer Angst zu begegnen: Zum Beispiel können Sie etagenweise Fahrstuhl fahren, falls Ihnen das bis jetzt Schwierigkeiten bereitet. Lernen Sie vor allem die Entspannungsübungen im Kapitel "Strategien zur Entkrampfung" (Seite 42). Sie können sie dann gezielt einsetzen (etwa in einzelnen Körperregionen) und damit aufkeimende Ängste (nicht nur Flugangst) partiell bekämpfen. Je besser und schneller Sie diese Entspannungsübungen anwenden können, umso spontaner gelingt es Ihnen, den Teufelskreis Angst an beherrschbaren Stellen zu durchbrechen.

Unsicherheit ausschalten durch Information

Wenn es um die Sicherheit unserer Transportmittel geht, klaffen Meinungen, Sensationsberichterstattung und Wahrheit weit auseinander. Nach einer Studie der Universität Hannover glaubten die befragten Menschen, dass der Omnibus das größte Risiko berge, zu Tode zu kommen. In Wahrheit ist das gefährlichste Verkehrsmittel das Auto, dem wir uns Tag für Tag arglos anvertrauen.

Rund 3340 Menschen starben 2013 alleine in Deutschland bei Unfällen im Straßenverkehr, während es im Flugverkehr „in der ganzen Welt" bei rund drei Milliarden Flugpassagieren „nur" 251 weltweit waren. Würden Sie deshalb nun den Führerschein abgeben? Wohl eher nicht: Autofahrer glauben, die Gefahren im Straßenverkehr einschätzen zu können. Dabei spielt auch eine bedeutende Rolle, dass man das Autofahren vergleichsweise leicht erlernen und beherrschen kann.

Dieses Bewusstsein fehlt uns im Flugzeug. Weder kann der Durchschnittspassagier selbst fliegen, noch weiß er, wie die Maschine, die ihn transportiert, überhaupt funktioniert. Er hört Geräusche unbekannter Herkunft, eigenartige Kräfte wirken auf ihn ein. Und außerdem befindet er sich über den Wolken auf einer ungewohnten Ebene, die nicht einmal eine Ebene ist. Freilich bergen, wie alle Dinge im Leben, auch Flugreisen ein Risiko. Doch rein statistisch gesehen ist es unwahrscheinlich, dass man auch nur einen einzigen Triebwerksausfall miterlebt, selbst wenn man Tag um Tag im Flugzeug sitzen würde.

Warum sie oben bleiben

Wenn Sie sich von der Kenntnis flugtechnischer Details eine Verringerung Ihrer Flugangst versprechen, dann empfehlen wir Ihnen die Lektüre des Buches "Warum sie oben bleiben" des Flugingenieurs Jürgen Heermann, siehe Literaturverzeichnis.

Starten

Das Flugzeug nimmt beim Starten mit genügend Tempo die Nase hoch und hebt ab. An dieser Stelle ist die Startbahn noch lange nicht zu Ende. Sie ist in der Regel vier Kilometer lang. Ein Fußgänger müsste eine Dreiviertelstunde marschieren, während das Flugzeug in weniger als einer Minute startet. Die längste Startbahn der zivilen Luftfahrt mit 5.500 Metern befindet sich auf dem Flughafen Qamdo-Bamda, Volksrepublik China.

Die manipulierbare Tragfläche

Der Auftrieb ist umso größer, je größer die Tragfläche ist, je schräger sie gegen die Luft angestellt ist und je schneller das Flugzeug fliegt. Beim Fliegen mit hoher Geschwindigkeit wiederum darf die Tragfläche klein sein. Die Differenz zwischen beiden Zuständen gleichen Startklappen und Vorflügel aus, die bei Start und Landung „seufzend" aus der Tragfläche gefahren werden.

Autopilot

Er ersetzt keinen Menschen, sondern hält nur stur die momentane Höhe und Himmelsrichtung. Weil unsere Erde nun einmal rund ist, liegt das Ziel der Reise nie genau geradeaus. Schon aus diesem Grund muss der Autopilot ständig korrigiert werden von der geübten Hand des Piloten.

Alles in Frage stellen

Argwohn ist die wichtigste Aufgabe der Cockpitcrew. Alles wird in Frage gestellt, und keiner darf allein entscheiden. Nahezu alle Handlungen werden vor ihrer Ausführung laut mitgeteilt und vom zweiten Flugzeugführer auf Logik und Richtigkeit überprüft.

Die Cockpitcrew

In der westlichen Welt findet man in Verkehrsflugzeugen der Größenordnung B 737 bis A 380 im Cockpit zwei Leute, den Kapitän und den Co-Piloten. Bei Flügen über zehn Stunden fliegt eine zweite Crew mit. Ein Flugingenieur, wie er in alten Spielfilmen noch an irgendwelchen Knöpfen herumfingert, ist heute entbehrlich. Ihn und einen Navigator gibt es nur noch in uralten Maschinen Marke Buschbomber.

Obwohl der Flugkapitän zu jeder Zeit der Kommandant des Flugzeuges ist, tauschen die Flugzeugführer aus Übungsgründen von Flug zu Flug ihre Aufgaben. Dank der Doppelsteuerung und doppelt angelegten Displays geht das ohne Sitzplatzwechsel. Auch der Copilot ist ein voll ausgebildeter Flugzeugführer.

Ein Verkehrsflugzeug fliegt auch ohne Schub

Der Abstieg von der Flughöhe zum Landeanflug geschieht in der Regel so sanft, dass nur die Anschnallzeichen signalisieren, wenn es wieder nach unten geht. Dazu wird die Motorenleistung gedrosselt. Wie weit die Motorenleistung reduziert wird, hängt von der Steilheit des Abstiegs ab. Diese Entscheidung trifft nicht der Kapitän, sondern die Flugsicherung des Zielflughafens. Als Luftbremse werden Klappen (andere als die zum Starten und Landen) auf der Oberseite der Tragflächen ausgefahren. Übrigens: Hätten Sie gedacht, dass eine Boeing 737 in oberster Flughöhe alle Motoren abstellen und doch noch gut 160 Kilometer weit segeln könnte?

Turbulenzen

Auch in 10 000 Metern Flughöhe weht der Wind -und

manchmal nicht zu zahm. Genau wie ein Auto wird das Flugzeug von Böen getroffen. Allerdings kommt der Wind nicht nur von rechts und links, sondern auch von oben und unten. Passagiere nennen das treffend, aber nicht ganz fachgerecht "Luftlöcher". Flugzeugführer haben während ihrer gründlichen Ausbildung gelernt, diese ungewollten Auf- und Abtriebe zu beherrschen. Um mehr Ruhe ins Haus zu bringen, wird die Gegenreaktion des Autopiloten gemildert und die Arbeitsweise der Triebwerke den Unbilden der Natur angepasst. Der Passagier hat es schwerer: Er muss ohne technische Unterstützung den Horizont seines schwappenden Saftglases austarieren.

Warteschleife

Warteschleifen sind nicht nur Passagieren, sondern auch Fluggesellschaften sowie dem Cockpit- und dem Bodenpersonal ein Gräuel. Sie kosten Zeit und Geld, bringen den Flugplan durcheinander, dienen aber letztlich doch der Sicherheit aller. Die Standardbegründung für das ungeliebte Intermezzo lautet "Überlastung des Luftraumes". Dahinter kann sich viel verbergen:

- Sicherheitsabstände beim Landen müssen eingehalten werden. Das führt besonders in der Rushhour (morgens und abends) zu Staus wie auf der Autobahn.

- Starker Wind erzwingt die Landung auf einer anderen als der üblichen Landebahn, die womöglich ein weniger leistungsfähiges elektronisches Landesystem besitzt und größere Sicherheitsabstände bedingt.

- Auch bei Schneeräumarbeiten, Nebel und Gewitter

ist es besser, ein paar Minuten länger in der Luft zu bleiben und zu warten, bis sie wieder "rein" ist.
- In den „luftigen" Warteräumen wird pingelig auf Disziplin geachtet. Alle Flugzeuge fliegen im Oval in die gleiche Richtung, aber in einer Distanz von jeweils 300 Höhenmetern. Diese Warteräume werden von oben aufgefüllt und von unten her geleert.

Landen

Landen heißt nicht einfach aufsetzen. Es würde gewaltig rumsen, wenn der Endanflug mit gleich bleibender Geschwindigkeit und Sinkrate durchgeführt würde. Deshalb zieht der Flugzeugführer kurz vor dem Aufsetzen die Flugzeugnase etwas nach oben. Aufgesetzt wird je nach Größe des Flugzeugs und Länge der Landebahn 200 bis 500 Meter hinter dem Anfang der wenigstens 45 Meter breiten Landebahn. Großraumflugzeuge landen und starten auf 60 Meter breiten Pisten.

Bremsen

Hat das Flugzeug auf der Landebahn aufgesetzt, muss es abgebremst werden. Dies geschieht auf dreierlei Weise. Störklappen werden aus der Oberseite der Tragfläche gefahren. Man nennt sie so, weil sie nicht nur dem Fahrtwind Widerstand entgegensetzen, sondern auch den noch bestehenden Auftrieb stören. Das zweite Bremssystem besteht aus Scheibenbremsen an den Hauptfahrwerksrädern. Eine Boeing 747 (Jumbo) mit ihren 16 Hauptfahrwerksrädern besitzt auch 16 Scheibenbremsen, die wiederum aus einem ganzen Paket von Scheibenbremsen zusammengesetzt sind. Die dritte Bremsart ist die Schubumkehr, das heißt: Der Strahl der Triebwerke wird gegen die Flugrichtung umgeleitet.

Angst kommen lassen und ertragen

Seiner eigenen Angst ins Auge sehen - gut und schön, aber wie? Wer unter Flugangst in ihrer extremsten Form leidet, wird auf die freiwillige Nagelprobe kaum großen Wert legen. Aber, wie der Volksmund so schön sagt: Bange machen gilt nicht - man kann vielmehr ruhig und überlegt an die Sache herangehen.

Instrument Reizüberflutung

Die Psychologie hat einwandfrei bewiesen, dass Angstreize schwächer werden oder total verschwinden, wenn man sich ihnen bewusst und möglichst übertrieben aussetzt. Ein Flug in einem Segelflugzeug beispielsweise, bei dem man Steig-, Lenk- und Landemanöver wesentlich extremer spürt und miterlebt als in einem modernen Passagierflugzeug, könnte zu einer solchen Reizüberflutung führen. Auch eine Fahrt im Heißluftballon. Wenn Sie das schaffen, können Sie dieses Buch gleich weiterschenken.

Zuviel verlangt? Dann versuchen Sie es erst einmal mit den Füßen auf der Erde. Johann Wolfgang von Goethe litt unter extremer Höhenangst. Zu seiner Zeit, als der Mensch das Fliegen noch nicht gelernt hatte und sich mit dem Gehen begnügen musste, fand der Dichterfürst und Naturwissenschaftler ein denkbar einfaches Mittel zur Bekämpfung der Höhenangst. Zur Entlernung seiner Phobie bestieg er tagelang den Turm des Straßburger Münsters. Die Selbsttherapie bestand darin, jeden Tag ein paar Stufen höher zu steigen. Belohnt wurde Goethe für seine Mühen nicht nur durch einen herrlichen Blick auf die Stadt und den Rand der Vogesen: Die Höhenangst war verschwunden wie ein Spuk nach dem Ein-Uhr-Schlagen.

Die selbst gewählte Konfrontation mit der Flugangst ermöglicht Ihnen aber auch der Weg der kleinen Schritte - klein genug, um die Angst auch an "schlechten" Tagen aushalten zu können.

Ernstfall proben

Suchen Sie sich kleinere Angstportionen aus Ihrer Flugangst und setzen Sie sich ihr aus. Gehen Sie auf den Flughafen und tun Sie so, als müssten Sie bald abfliegen. Nehmen Sie als nächstes Gepäck mit, damit Ihnen die Situation authentischer erscheint. Setzen Sie sich zwischen die Wartenden und beobachten Sie, wie sich andere Passagiere (es sind auch Abholer) verhalten. Gehen Sie in eines der Flughafenrestaurants oder Bistros und trinken Sie einen Tomatensaft, einen Fruchtsaft oder essen Sie eine Suppe. Vermeiden Sie auf alle Fälle Alkohol, Kaffee und Tee (siehe auch Kapitel "Die Vorbereitung auf den Flug", Seite 59). Mischen Sie sich ein nächstes Mal ins Getümmel der Reisenden, der Lautsprecherdurchsagen und der Hektik. Folgen Sie dem Strom der Abreisenden, bis Sie durch Gepäck-Check, Bordkarten- oder Passkontrolle automatisch gestoppt werden.

Damit Sie einen wirklichen Fortschritt beim Verarbeiten der Flugangst verspüren, sollten Sie nach jeder Angstportion in eine Art Tagebuch eintragen, was Sie als positiv empfanden und was Sie nach wie vor ängstigt.

Flug nach Las Vegas

Claudia W., eine Pianistin von Weltruf mit extremer Flugangst, engagierte sich einen Psychologen für einen Long-Distance-Flug von Frankfurt nach Las Vegas.

Mit seinem Beistand und Übungen für progressive Muskelentspannung überstand sie die ersten Klippen nach dem Einsteigen und Starten. Die erste Stunde wagte sie nicht, aus dem Fenster zu sehen, trank nur unter gutem Zureden ein Glas Wasser und nippte statt ihrer Mahlzeit an Tomatensaft. Tapfer, aber immerhin schon lächelnd ergab sie sich der Zwischenlandung in Atlanta.

Der erneute Start nach Las Vegas ließ ihren Körper angespannt, aber nicht mehr panisch reagieren. Wieder übten Claudia und ihr Betreuer progressive Muskelentspannung bis zur körperlichen Erschöpfung. Unglücklicherweise erlitt ein Mann wenige Sitzreihen vor ihnen einen Herzanfall. Zwei zufällig an Bord befindliche Ärzte leisteten erste Hilfe in Form von Herzmassage. Die Frau des Kranken verbreitete ihre Angst über sämtliche Sitzreihen. Eine Notlandung wurde erörtert. Flugbegleiter hasteten durch die Gänge. Claudia W. verfolgte gebannt die Situation, die sich bald entspannte - und die Musikerin mit ihr. Vor Las Vegas war sie schließlich eingenickt und empfand die erneute Landung zwar mit Herzklopfen als aufregend, aber nicht mehr als bedrohlich.

Konfrontation mit der Angst

Wer dazu neigt, unter körperlicher Anstrengung Angst oder Panik zu entwickeln, vermeidet vermutlich lieber jedes "Aus-der- Puste-Kommen". Doch das bringt nicht weiter. Klüger ist es, die Kondition und damit den Schmerzpegel durch intensivierte Anstrengung (Laufen, Treppenrennen, Aerobic) stufenweise so hoch zu treiben, bis der Körper nicht mehr mit Herzrasen reagiert und noch genug Luft zum Atmen bleibt.

Beispiel: Gisela M. sehnte sich nach langer Abstinenz nach einer Radtour. Sie schloss sich bei nächster Gelegenheit einer Gruppe an, doch gleich der erste Tagesausflug bescherte ihr einen derartigen Muskelkater und Sitzbeschwerden, dass sie am liebsten nie wieder geradelt wäre. Außerdem hing sie ständig hinter der Gruppe her, musste atemlos schieben, wo andere bergauf noch locker plaudernd weiter pedalten. Statt sich künftig vor derartigen Touren zu drücken, entschloss sie sich zu einem richtigen Trainingsprogramm: tägliches Radeln in kleinen Dosen; jeden Tag eine Viertelstunde länger, dann mit steigender Geschwindigkeit und immer größeren Gängen für den kleinen Hausberg in ihrer Straße. Innerhalb von zehn Tagen war sie fit und fuhr den anderen auf und davon.

Herz-Check

Manche Menschen entwickeln unter dem Einfluss von Angstzuständen so genanntes Herzrasen. Wenn Sie zu den Betroffenen gehören, dann sollten Sie wissen, dass man die Beherrschung dieses Phänomens ebenfalls trainieren kann. Setzen Sie sich bequem hin, legen Sie die rechte Hand aufs Herz und konzentrieren sich vier Minuten auf Ihren Herzschlag. Zählen Sie mit und achten Sie auf die Schlagfrequenz. Auch wenn sie sich erhöht und Sie Sorge oder Angst spüren, zählen und fühlen Sie solange weiter, bis die Angst weicht. Sie werden sehen: Es funktioniert. Sie kennen dieses Phänomen bereits aus dem Kapitel "Angst bewusst machen" ("Panik üben", Seite 24) und finden es in abgewandelter Form auch im Kapitel "Strategien zur Entkrampfung" (Seite 42) wieder.

Die eigene Angst überlisten

Auch für das Gegenteil der Angst vor der Angst haben die Psychologen einen Namen: Sie sprechen von der "Paradoxen Intention". Das klingt komplizierter, als es ist: Gemeint ist die willentliche Provokation der Angstsymptome. Bei der Behandlung einiger Phobien wurden damit zum Teil erstaunliche Erfolge erzielt. Nehmen wir zum Beispiel die junge Frau, die ständig errötet wie eine Tomate, wenn sie angesprochen wird. Sie überwindet sich und kündigt ihren Freundinnen an, dass sie knallrot werde, wenn sie jemand zum Tanzen auffordert. Als dann alle darauf warten, dass sie rot wird, gelingt es zu ihrer eigenen Überraschung nicht.

Die "Paradoxe Intention" eignet sich auch, um typische Flugangstsymptome zu überlisten. Wenn Sie zum Beispiel unter extremer Mundtrockenheit leiden, dann befehlen Sie sich: "Der Mund muss ganz trocken bleiben. Es darf sich keine Feuchtigkeit bilden!" Sie werden sich wundern, wie Ihnen der Speichel aus den Drüsen quillt. Sie haben die Angst mit ihren eigenen Mitteln zerschlagen.

Instrument Entspannung

Angst und Anspannung sind wie siamesische Zwillinge. Sie erscheinen immer zusammen und klammern sich fest aneinander. Die gesamte Muskulatur, nicht nur Arme und Beine, sondern auch Magen, Herz, Kiefer, einfach alles - kann sich dabei regelrecht verkrampfen. Die Psychologie spricht von "Unnützspannungen" als gefährliche Krafträuber, denn es werden Muskelbereiche angespannt, die weder zur Abwendung von Angst noch von Gefahr gebraucht werden.

Menschen, die ständig "unter Strom" stehen und sich keine Pause gönnen, stehen unter Dauerspannung. Sie finden bald auch in der Nacht keine Ruhe, wälzen sich hin und her, hören ihr Herz stolpern, den Magen rumoren und den Puls an den Schläfen. Sie schwitzen und leiden unter Spannungskopfschmerzen. So ein pausenlos Angespannter muss nicht automatisch unter Flugangst leiden. Er hat vermutlich andere Sorgen, Ängste und Nöte. Aber seine Symptome sind die gleichen. Für beide Beispiele gilt: Bei entspannter Muskulatur ist es unmöglich, Angst oder Beklemmung zu empfinden. Probieren Sie es aus mit den Entspannungsübungen im Kapitel "Strategien zur Entkrampfung" (Seite 42).

Instrument Positives Denken

Die enge Verbindung von Angst und Anspannung bildet einen fruchtbaren Nährboden für negatives Denken. Auch im Kopf kommt es dann zu einer Kettenreaktion: Die meisten Katastrophen finden im Gehirn statt (siehe dazu auch das Kapitel "Angst abkoppeln vom Fliegen", Seite 14). Ein Gedanke inszeniert den nächst schlimmeren. Wie schnell schaukeln sich eine leichte Befürchtung, ein kleines mulmiges Gefühl hoch bis zum Weltuntergang.

Dieser Katastrophenkette kann man Einhalt gebieten durch die Kraft des positiven Denkens. Auch diese einfache Lernaufgabe hilft in vielen Lebenslagen weiter.

Eine positive Gedankenkette

negativ	positiv
Ich fühle mich schrecklich.	Diese Gefühl geht vorüber. Ich stelle mir einen Platz vor, an dem ich gern bin
Ich würde am liebsten weglaufen.	Wenn ich durchhalte, werde ich mich hinterher toll finden.
Es können tausend schlimme Dinge passieren.	Mal sehen, ob diese Dinge wirklich schlimm sind.
Mein Herz rast wie wild.	Ich bin eben kein Marathonläufer. Morgen beginne ich, meine Kondition zu trainieren
Ich glaube, ich werde dies Angst nie überwinden	Aber sie wird mit der Zeit immer weniger werden.

Fünf Sätze, die für alle Ängste gelten

- Angst ist unerfreulich, aber selten gefährlich.
- Flucht und Vermeidung vergrößern die Angst.
- Die Begegnung mit der Angst ist die einzige Chance, sie zu besiegen.
- Je länger man sich seiner Angst aussetzt, umso überzeugender verliert sie ihre Schrecken.
- Je massiver man sich seiner Angst aussetzt, umso schneller weicht sie auch.

Strategien zur Entkrampfung

Babys können es von der ersten Lebenssekunde an, was wir Erwachsenen oft verlernt haben: Vollatmung als Kombination von Brust-, Bauch und Zwerchfellatmung. Auch bei einigen Naturvölkern blieben die natürlichen Reflexe erhalten, die Lunge bis zum Bauch mit Atem zu füllen. Männer behalten die Vollatmung häufiger bei als Frauen. Piepsige hohe Stimmen, oft auch noch leise und dünn, verraten die flache ungenügende Brustatmung, übrigens nicht nur bei Frauen.

Richtig atmen - ein Schlüssel zur Bekämpfung der Angst

Bei Knaben löst der Stimmbruch oft eine Irritation aus. Aus Angst vor lächerlichen Kicksern wählen sie instinktiv eine neue Atemtechnik oder imitieren ein Idol. Das kann gut klingen oder auch nicht. Ein vorübergehendes Herumprobieren mit Tonlagen kann sich aber auch als dauerhafte Fehlatmung einschleifen

Prominentes Beispiel gefällig? Der berühmte Jazzmusiker Louis Armstrong erzeugte seinen charakteristischen, unnachahmlich tiefen und kratzigen Gesang mit Hilfe der "Taschenfaltenstimme". Sie ist die Extremform einer Hyperfunktion, bei der die Töne nicht auf normalem Weg mit den Stimmlippen, sondern durch Hautfalten zwischen Stimmlippen und Kehldeckel erzeugt werden.

Auch junge Mädchen versuchen mit der Stimme älter, schicker oder interessanter zu wirken. Dabei kann es schon passieren, dass sie unkritisch Mutters falsch beatmete Stimme kopieren und "erben".

Ein falsch verstandenes Schönheitsideal tut ein Übriges. Der Wunsch nach einem flachen Bauch oder einem unwiderstehlichen Säuselstimmchen lässt die Zwerchfellatmung schließlich vollends verkümmern. Mit einer derart ungenügend belüfteten Stimme muss man tatsächlich schreien, um sich, wenn es einmal sein muss, Gehör zu verschaffen. Das klingt nicht gerade sympathisch, eher schon hysterisch. Und trotzdem trägt die Stimme nicht. Sie verschleimt häufig, kiekst an unmöglichen Stellen und eignet sich schlecht, um vorzutragen, sich in einer lauten Umgebung verständlich zu machen, eine Rede zu halten, gar an ein Mikrophon zu treten oder auch nur einen Anrufbeantworter zu besprechen.

Atmen mit Gedanken lösender Wirkung

Physische Belastungen, und ganz besonders die Angst, führen zu einer Falschspannung der gesamten Muskulatur, auch der Atemmuskulatur. Die Menschen atmen unter Stress stoßweise und krampfartig: Ihnen "bleibt vor Angst die Luft weg", ihnen "stockt der Atem" oder "rutscht das Herz in die Hose". Diese Metaphern liefern hautnah empfundene Symptombeschreibungen. Und auch für die entgegen gesetzten Empfindungen hat Volkes Stimme passende Worte gefunden. Nach tiefem Durchatmen "fallen Steine vom Herzen", kann man wieder "aufatmen", macht das Herz "einen Sprung", "fallen alle Ängste und Nöte ab" und lässt der Mensch die "Seele baumeln".

Bauch-Zwerchfellatmung kann man auch nach langer, unbewusster Vernachlässigung wieder aktivieren. Reflexgesteuert funktioniert sie sowieso noch und belohnt uns nach Niesen, schallendem Lachen oder hemmungslosem Weinen mit einem befreienden Gefühl. Genau das Richtige bei Flugangst. Das lässt sich trainieren!

Wir üben Bauch-Zwerchfellatmung

Der Atemvorgang gliedert sich in drei Phasen: Ausatmen, Pause, Einatmen. Starten Sie bewusst mit dem Ausatmen. Denn nach einem tiefen Ausatmen, bei dem selbst das letzte Luftbläschen spürbar aus dem Unterbauch gepresst wurde, sorgt der entstehende Saug-Druckreflex intensiver für tiefes Einatmen. Probieren Sie es doch gleich aus. Am besten im Liegen, flach auf dem Boden oder Sofa, oder, wenn Sie schon etwas Übung haben, in der Senkrechten, etwa an einen Türrahmen gelehnt (siehe die Fotos ab Seite 45).

Das Ausatmen

Stülpen Sie die geschlossenen, zum "W" geformten Lippen nach vorne, sodass Sie den Luftstrom hören und spüren. Die Hände können locker an den Seiten herabhängen oder auch auf dem Bauch liegen und durch sanftes Drücken dazu beitragen, dass möglichst viel Luft aus dem Bauchraum entweicht. Wirklich so lange ausatmen, bis kein einziges Luftbläschen mehr zu fühlen und nur noch ein stotterndes Röcheln zu hören ist.

Die Pause

Spüren Sie, wie die Atemmuskulatur förmlich vibriert, in Erwartung des nächsten rhythmischen Atemvorgangs.

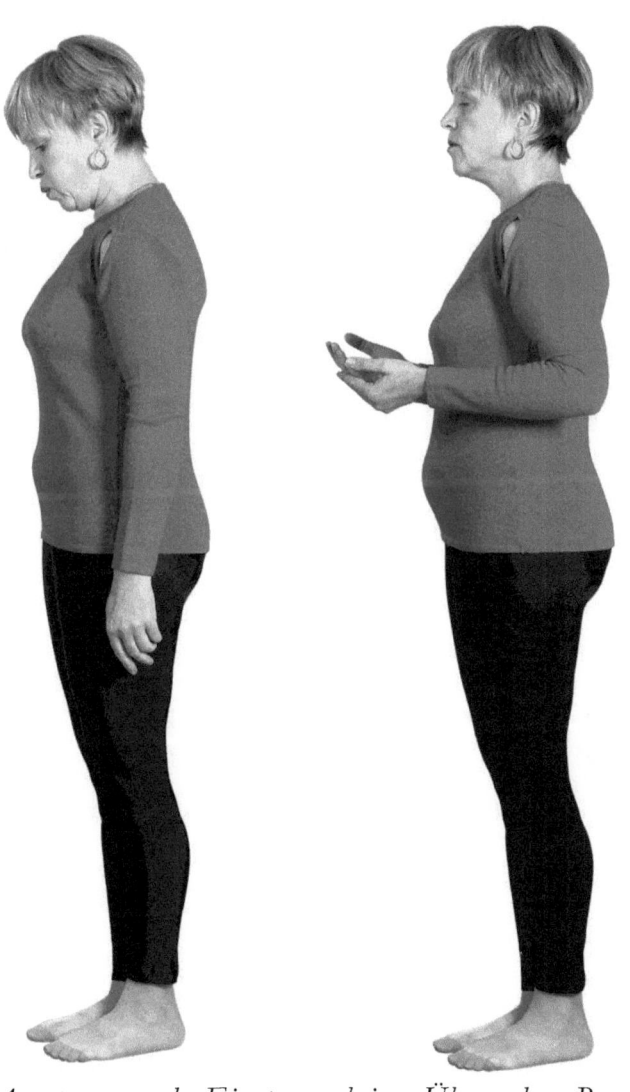

Ausatmen und Einatmen beim Üben der Bauch-Zwerchfellatmung

Das Einatmen

Wie aufblasbare Schmetterlinge entfalten sich beide Lungenflügel; gleichzeitig ziehen Sie die Atemluft tief in den Bauchraum, bis er sich kugelrund anfühlt. Ob Sie dabei durch die Nase oder den Mund einatmen, bleibt Ihrem Wohlgefühl überlassen. Allerdings raten Ärzte, durch die Nase zu atmen, weil ihre feinen Flimmerhärchen Luftverunreinigungen herausfiltern.

Denken Sie beim Atmen nicht an Schönheit oder Schlankheit, sondern versuchen Sie sich den Weg der Atemluft bildlich vorzustellen und empfinden Sie, wie sich Ihre Lungen bis hinunter zum Bauchraum mit guter, gesunder Luft füllen. Die Bauch-Zwerchfellatmung ist eine der wichtigsten Übungen, um Spannung, Nervosität, Angst und Panik schnell abzubauen, um Körper und Geist zu regenerieren. Sie sollten sie deshalb so oft wie möglich, mindestens dreimal am Tag, intensiv üben. Ein idealer Zeitpunkt dafür ist vor dem Einschlafen oder immer dann, wenn Sie körperlich oder gedanklich zur Ruhe kommen wollen.

Beispiel: Nora M. war mit 27 Jahren das erste Mal als Zeugin vor Gericht geladen. Ihre Aussage hatte keine schwer wiegenden Konsequenzen, weder für sie noch für den Beklagten. Und trotzdem schüchterten sie die unbekannte Umgebung, die Ungewissheit des Prozessausgangs so ein, dass sie mit zitternden Knien und Händen auf dem Gang wartete, unfähig einen Ton herauszubringen oder in ihrer Handakte zu blättern. Da besann sie sich auf die Atemübung, suchte schnell die Damentoilette auf und übte dort vor dem Spiegel laut sechs tiefe Atemintervalle. "Dir kann nichts passieren", fühlte sie danach und kehrte beruhigt und gefasst auf ihren Wartestuhl zurück. Zur Vorbeugung atmete sie auch im Sitzen weiter bewusst in den Bauch; niemand hörte oder bemerkte etwas davon.

**Abblocken statt Aufschaukeln:
Entspannung per Geheimcode**

Je häufiger Sie die Bauch-Zwerchfellatmung trainieren, umso weniger Aufwand müssen Sie treiben. Sehr bald funktioniert die Übung auch im Sitzen und Stehen. Hilfreich ist der Einsatz eines Codeworts, das Sie sich als Signal zum bewussten Atmen ausdenken. Hören Sie in Ihren Körper hinein beim Ein- und Ausatmen der Übungsintervalle und entwickeln Sie daraus Ihr persönliches Zauberwort. Es soll kurz und positiv belegt sein wie "Sonne" oder "Ruhe". Möglich ist auch ein Kunstwort, das Sie selbst mit positivem, behaglichem Wert belegen, zum Beispiel "umba" oder "fusch". Stellen Sie sich dieses Wort als Geräusch für Ihre Atemübungen vor und integrieren Sie es in Ihr Denken, während sich der Bauch gleichmäßig hebt und senkt. Schon nach wenigen Tagen regelmäßigen Übens hilft Ihnen das gedachte Codewort, sich noch schneller auf die Bauch-Zwerchfellatmung zu besinnen. Das Lernziel heißt: ängstliche Gedanken per Codewort abzublocken.

Automatisierte Bauch-Zwerchfellatmung klingt nicht lauter als flache Brustatmung; dafür erfolgt sie langsamer und ökonomischer. Das bringt den Vorteil, dass Sie längere Sätze ohne Zwischenjapser sprechen können. Die Stimme wird eine Idee tiefer, weil sich ihr Resonanzboden "Körper" bis zum Unterbauch vergrößert. Sie können vermutlich auch lauter sprechen, ohne sich anstrengen zu müssen. Die optimale Sauerstoffversorgung Ihres Körpers wehrt aufregende Stimulanzien - speziell im Zusammenhang mit Flugangst ab, bevor sie sich bis ins Unbeherrschbare steigern.

Zusatzeffekt: Ihre Stimme gewinnt durch den gleichmäßigeren Atemfluss an Wohlklang und Tragfähigkeit. Schauspieler und (leider nicht alle) Rundfunksprecher trainieren so ihre schöne, Sympathie weckende Stimme.

Fehlspannungen vermeiden: Atmen mit spannungslösender Wirkung

Anspannung und Entspannung kennzeichnen die Dynamik unseres Lebens wie Tag und Nacht, Schlafen und Wachen, Beruf und Hobby, Pflicht und Muße. Zu viel Entspannung führt zu Unterspannung und Erschlaffung von Muskeln. "Wer rastet, der rostet" gilt nicht nur im Alter. Zuviel Anspannung ohne oder ohne genügende Entspannung führt wiederum zu Überspannung.

Flugangst-Spannungen sind Unnützspannungen, weil Energien konzentriert werden, die in keiner Weise zur Abwendung der Gefahr dienen. Oft bauen sich diese Spannungen Tage und Wochen vor dem eigentlichen Flug auf und umklammern den Menschen als Dauerspannung. Die Nacht bringt keine Erholung. Die Zähne malmen ohne Rast im Rhythmus des Pulsschlags. Und am Morgen schmerzt das Kiefergelenk. Die Zähne sind noch in sich selbst verbissen und die Schultern zu den Ohren hochgezogen.

Dauerspannung führt zu permanenter Überforderung und Erschöpfung - und damit in den Teufelskreis von Symptomen, die wir im Kapitel "Angst bewusst machen" (ab Seite 18) beschrieben haben: Schwindel,

Atemnot, Herzstolpern, Schweißausbrüche, Herzbeklemmung oder Magenschmerzen.

Was tun? Atemübungen helfen, Unnützspannungen abzubauen, auch wenn Sie nicht fliegen, sondern nur in entspannenden Schlaf - als Nachtschlaf oder als Nickerchen am Nachmittag - gleiten wollen.

Einschlafübung für entspanntes Schlafen

- Legen Sie sich flach auf den Rücken mit so wenig Kopfkissen wie möglich. Auch eine Nackenrolle oder ein Nackenhörnchen leisten gute Dienste. Die Beine liegen entspannt nebeneinander oder leicht gespreizt (Königshaltung). Die Hände liegen bei den ersten Übungen auf dem Bauch, um die Tiefe der Atmung zu kontrollieren, später leicht geöffnet neben dem Körper.

- Nehmen Sie Ihren Körper wahr, wie er in die Unterlage einsinkt - auch wenn es vielleicht nur eine dünne Wolldecke, eine Gymnastikmatte oder das Gras einer Wiese ist.

Gönnen Sie sich bewusste Entspannungsphasen vor dem Einschlafen – umso erfrischender werden Nickerchen und Nachtruhe ausfallen

- Beginnen Sie mit tiefem Ausatmen und Ihrem persönlichen Codewort (siehe Seite ...). Atmen Sie aus, solange wie nur irgend möglich. Setzen Sie eine kleine Atempause. Beim Einatmen kontrollieren die Hände auf dem Bauch das tiefe Eindringen der Atemluft.

- Spätestens nach drei, vier Atemintervallen lösen sich verspannte Schultern. Ihr Körper sinkt noch tiefer in die Unterlage. Wenn Sie die Augen noch nicht schließen möchten, fixieren Sie einen bestimmten Punkt. Diese Konzentration ermüdet die Augen so schnell, dass sie von selbst zuklappen. Diese Übung lässt sich mit der anschließend vorgestellten progressiven Muskelentspannung nach Jacobson noch steigern - in der Zukunft vermutlich. Sie wird Ihr wichtigstes Hilfsmittel, um Angst gar nicht erst aufkommen zu lassen.

Einführung in die progressive Muskelentspannung

Der amerikanische Physiologe Edmund Jacobson machte bereits in den zwanziger Jahren eine sensationelle Entdeckung, die Sie sich zu Nutzen machen sollten:

1. Angst entwickelt sich nur unter Anspannung.

2. Ein entspannter Körper ist nicht in der Lage, Angst aufzubauen.

Als Konsequenz dieser grundlegenden Erkenntnisse entwickelte Jacobson die progressive Muskelentspannung; eine Entspannungsmethode, die dem Bereich Yoga zugeordnet wird, aber im Gegensatz zu Yoga und autogenem Training auch in Selbsthilfe erlernbar ist. Weitere Vorteile: Man kann sie im Liegen, Stehen und Sitzen anwenden. Der überwiegende Teil der Übungen kann unsichtbar für Außenstehende und als Soforthilfe gegen herannahende Angst eingesetzt werden.

Das Prinzip lässt sich mit einem starken Schmerz vergleichen, der einen weniger starken Schmerz überdeckt; oder mit einer dunklen Farbe, die Flecken auf einer hellen Farbfläche übertüncht. Man spannt dazu bestimmte Muskeln einzeln oder mehrere zusammen sehr stark an und löst sie wieder.

Von allen Entspannungstechniken scheint die progressive Muskelentspannung nach Jacobson die Geeignetste zu sein, um die unbewussten (vegetativen) Reaktionen des Körpers bei erregungsintensiven Situationen zu dämpfen. Sie wirkt direkt auf die motorische Angstebene und löst schmerz- und krampfhafte Empfindungen. Auch in Seminaren gegen Flugangst erlernen die Teilnehmer diese Entspannungstechnik zur Lösung partieller und ganzkörperlicher Spannungszustände.

Übungen zur progressiven Muskelentspannung

Für die nachfolgend beschriebenen Übungen setzen Sie sich bequem in einen Sessel oder auf einen Stuhl mit Rückenlehne, so wie in der Abflughalle oder im Flugzeug. Versuchen Sie zumindest am Anfang die ganze Serie von Entspannungsübungen nacheinander auszuführen. Der Entspannungseffekt verstärkt sich mit jeder weiteren Übung. Zum besseren Kennenlernen Ihrer Muskeln können Sie alle Übungen zusätzlich nachtrainieren, wenn Sie beispielsweise im Bett liegen.

Handübungen

1. Ballen Sie die rechte Hand zur Faust: fest, fester, noch fester, so fest es geht, und halten Sie die Spannung, während Sie langsam im Sekundentakt bis fünf zählen. Danach lösen Sie die Faust und spüren die

Handübungen

wohl tuende Entspannung in Ihrer Hand und am Unterarm. Nach etwa 20 Sekunden Pause ist die linke Hand dran: fest, fester, noch fester, so fest es geht. Spannung halten - und lösen. Beachten Sie, wie der Schmerz, den Sie beim Faustpressen noch spürten, sich verflüchtigt und stattdessen ein Gefühl von wohliger Wärme hinterlässt.

2. Nach weiteren 20 Sekunden Pause ballen Sie beide Hände zur Faust: fest, fester, so fest es geht. Spannung halten - und langsam lösen. Tiefdurchatmen. Fühlen Sie die Erleichterung in den entspannten Händen und Unterarmen? Wenn nicht, das Gleiche noch einmal, und noch fester anspannen.

Armübungen

1. Das Anspannen der Oberarmmuskeln (Bizeps) gelingt am besten, wenn Sie die Ellenbogen anwinkeln und beide gleichzeitig gegen den seitlichen Oberkörper stützen: fest, fester, noch fester, so fest es geht. Fünf Sekunden Spannung halten - und lösen. Beachten Sie den Unterschied.

2. Legen Sie beide Unterarme mit nach oben geöffneten Handflächen auf Ihre Oberschenkel (siehe Abb.)

und drücken Sie sie nach unten: fest, fester, noch fester, so fest, dass Sie die rückseitigen Oberarmmuskeln (Trizeps) kräftig spüren. Jetzt bis fünf zählen und die Spannung lösen. Beobachten Sie den Unterschied zwischen Anspannung und Entspannung.

Nacken- und Schulterübungen

Armübung

1. Strecken Sie den Kopf so fest es geht nach hinten und halten Sie die Spannung während der gewohnten fünf Sekunden durch. Dann lösen Sie die Spannung. Nun drücken Sie das Kinn gegen die Brust, bis Sie die Dehnung in den hinteren Nackenmuskeln spüren: Auch hier müssen Sie wieder fünf Sekunden spannen - und lösen. Recken Sie den Kopf nach rechts und empfinden Sie die Dehnung hinter dem linken Ohr: noch einmal fünf Sekunden spannen - und lösen. Das Gleiche nun in der anderen Richtung, mit dem Kopf nach links: fünf Sekunden – spannen - und lösen. Sie werden das Gefühl erleben, dass der Kopf doch gleich viel beweglicher und lockerer auf den Schultern sitzt. Und weil wir nun einmal dabei sind, kommen die auch gleich an die Reihe!

2. Ziehen Sie beide Schultern hoch in Richtung Ohren: fest, fester, noch fester, bis es wirklich nicht mehr fes-

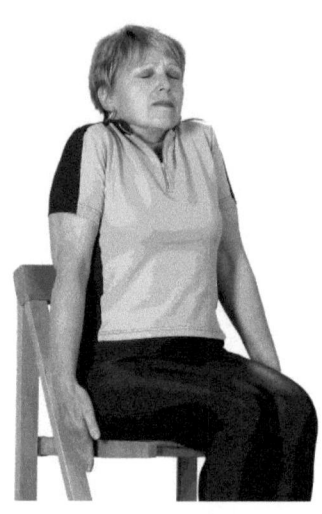

Nacken- und Schulterübung

ter geht. Nach den gewohnten fünf Sekunden Spannung lassen Sie die Schultern sanft und locker fallen und freuen sich über das erholsame, entspannte Gefühl Man möchte es gleich noch einmal probieren, weil es so schön war, oder?

Kopfübungen

Jetzt konzentrieren wir uns zur Abwechslung ganz auf den Kopf

1. Lehnen Sie sich locker und möglichst entspannt zurück. Nun ziehen Sie die Augenbrauen hoch und legen die Stirn in Querfalten: fünf Sekunden Spannung halten und lösen.

2. Schließen Sie die Augen; kneifen Sie sie fest zusammen: fünf Sekunden - und lösen.

3. Beißen Sie die Zähne so fest zusammen, dass sich der Kiefer spannt und Sie beide Kiefergelenke spüren: fünf Sekunden- und lösen. Danach fühlt sich der Unterkiefer wieder angenehm locker an.

4. Drücken Sie jetzt die Zunge gegen den Gaumen, ganz fest, bis es im Kinn zieht: fünf Sekunden - und lösen.

5. Pressen Sie die Lippen fest zusammen: fünf Sekunden -und lösen. Nun fühlt sich das ganze Gesicht schon sehr entspannt an.

6. Nun versuchen Sie das Gesicht insgesamt zu entspannen: Augen zusammenkneifen, Zunge gegen den Gaumen, Lippen zusammenpressen. Alles zusammen fünf Sekunden - und dann lösen. Fühlen Sie den Unterschied.

Bauch- und Rückenübungen

1. Das Anspannen der Bauchmuskeln ist gar nicht so einfach, wie es sich anhört. Manche schaffen das nur dadurch, dass sie den Atem anhalten. Probieren Sie es doch so: Sie ziehen den Bauch stark ein: fünf Sekunden halten, dann lösen und tief ausatmen. Nun wird der Bauch kräftig herausgedrückt: erneut fünf Sekundenhalten, dann lösen und tief ausatmen. Nun wieder den Bauch einziehen und fünf Sekunden halten - lösen und tief ausatmen. Noch einmal den Bauch herausdrücken: fünf Sekunden halten - lösen und tief ausatmen. Mit jedem Ausatmen entspannen sich Lunge, Magen und

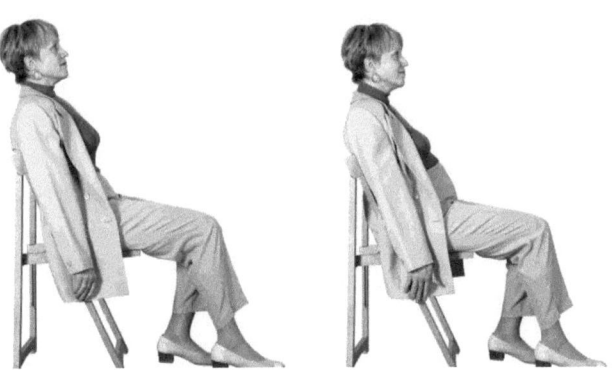

Bauchübungen

Bauch immer besser. Ein wohliges Gefühl breitet sich aus.

2. Das Anspannen der Rückenmuskeln gelingt am besten, wenn Sie die Schultern stramm nach hinten ziehen und ein Hohlkreuz formen. Stark anspannen für fünf Sekunden – und lösen. Genießen Sie die entspannten Rücken- und Schultermuskeln.

Beinübungen

1. Gesäß und Oberschenkel spannen Sie am effektivsten an, indem Sie gleichzeitig die Fersen auf den Boden pressen. Ganz fest. Nur bei wirklich starker Spannung reckt sich Ihr Oberkörper etwa zehn Zentimeter in die Höhe: fünf Sekunden - und dann lösen. Eine Wohltat für die beanspruchten Muskelstränge.

2. Nun sind nur noch die Schienbeine übrig. Sie bauen eine starke Spannung auf, indem Sie Ihre Füße auf die Ferse stellen und die Zehen nach oben ziehen. Fest, dann spüren Sie, wie sich die Muskelstränge auf dem Rist, in den Waden, am Schienbein und seitlich bis zu den Hüften hochziehen.

Mit dem Phänomen Flugangst erfahrene Verhaltenstherapeuten berichteten, dass sie bei mehr als 90 Prozent ihrer Patienten die positive Wirkung der progressiven Muskelentspannung auf das Angstpotenzial feststellen konnten. Für die Betroffenen setzt das aber voraus, dass sie früher oder später die meisten dieser Übungen auf Stichwort beherrschen. Das will geübt sein. Am Anfang erscheinen Ihnen diese Entspannungsübungen vielleicht etwas lang und Sie müssen jede Übung erst nachlesen. Lassen Sie sich davon nicht entmutigen. Immerhin erlernen Sie die wohl beste Geheimwaffe gegen Angst jeder Art. Andere greifen zu ihrer vermeintlichen Beruhigung zu Medikamenten oder Alkohol -und erreichen damit häufig nur das Gegenteil - in gesteigerter Form. Sie müssen sich nicht die gesamte Abfolge dieser Übungen merken. Viel wichtiger ist, dass Sie individuell diejenigen Körperteile feststellen, die sich am spürbarsten anspannen lassen wo dann gezielt die Entspannungsübungen einsetzen.

Muskelpanzer

Teilnehmer von Seminaren gegen Flugangst lernen noch eine so genannte „Feuerwehrübung" für den Fall, dass Körper und Geist nicht mehr in der Lage sind, sich auf einzelne Muskelpartien zu konzentrieren: den Muskelpanzer. Diese Kombinationsübung mehrerer Muskelspannungen sollten Sie zu Hause verstärkt üben. Sie bleibt freilich nicht unbe-

merkt. Wenn Ihnen Zeit vor dem Abflug bleibt, dann können Sie diese Übung auch auf der Toilette durchführen. Gleich mal probieren: Krümmen Sie den Rücken nach vorn und den Kopf zur Brust, bis ein Doppelkinn entsteht. Kneifen Sie Augen und Lippen zusammen. Ballen Sie beide Hände zur Faust. Pressen Sie bei hochgezogenen Schultern die Unterarme an die Oberarme. Bauchdecke und Po-Muskeln anspannen, beide Fersen gegen den Boden stemmen und diese Gesamtspannung fünf Sekunden halten. Danach ist Ihnen garantiert leichter ums Herz. Erinnern Sie sich: Ein entspannter Körper ist unfähig, Angst zu entwickeln.

Die Vorbereitung auf den Flug

Nicht nur das Fliegen an sich macht viele Menschen nervös -schon im Vorfeld hat man oft das Gefühl, etwas vergessen oder falsch gemacht zu haben - wenn man bloß wüsste, was! In diesem Kapitel geben wir Ihnen daher einige kleine, aber äußerst nützliche Tipps mit auf den Weg. Fliegen wie ein Profi? Das können Sie auch!

Das sollten Sie mitnehmen

- Für Flüge ab sechs Stunden Dauer erleichtern Ihnen folgende Utensilien das Leben an Bord: Ein aufblasbares Nackenhörnchen fixiert den Kopf für ein Nickerchen. Nasenöl oder -salbe, ein Lippenpflegestift und Augentropfen für Kontaktlinsenträger verhindern das unangenehme Austrocknen der Schleim- und Bindehäute.

- Bei Redaktionsschluss: Die im Handgepäck mitgeführten Produkte (nicht mehr als je 100 ml) müssen in einem durchsichtigen, wiederverschließbaren Beutel mit maximal 1 Liter Inhalt verstaut sein. Pro Person ist ein Beutel erlaubt. Medikamente und Babynahrung sind von dieser Regelung nicht betroffen.

- Cremedosen und Shampoos gehen nicht nur ins Gewicht des Koffers, sondern benötigen auch viel Platz. Füllen Sie sich die Ration in kleine Döschen und Fläschchen (Apotheke) ab, die Sie für die Reisezeit benötigen. Kosmetika mit Klappdeckelverschluss müssen in einen Extra-Plastikbeutel, weil sie durch den Unterdruck in Kabine und Frachtraum aufspringen können. Das Gleiche gilt übrigens für Füllfederhalter. Vor allem: Diese Dinge gehören nicht ins Handgepäck. Achten Sie auf die jeweils aktuellen Vorschriften für das Handgepäck.

- Weil Koffer Massenware sind, hilft eine Markierung, um sein gutes Stück schnell zu finden. Hilfreich sind Aufkleber, Klebestreifen oder ein Gurt in auffallender Farbe. Wer mit Reisetasche verreist, sollte seine Kleidungsstücke (Rock, Hosen, Blusen, Kleider) besser zu großen Würsten rollen, die sich gut stapeln lassen. Damit bleibt alles erstaunlich glatt.

- Modeschöpfer Karl Lagerfeld, ein Ungern-Flieger, schwört auf Akupressur gegen Reisekrankheit. Dazu gibt es in Apotheken und Sanitätshäusern Bandagen, nicht größer als ein Pulswärmer, mit einem eingearbeiteten Kunststoffknopf, der genau auf den Neiu-Kuan-Punkt (oberhalb des Handgelenks) drücken muss. Damit wird der Brechreiz zu Lande, zu Wasser und in der Luft ausgeschaltet.

Kleidung

- Planen Sie bequeme Kleidung für den Flug ein. Sie soll weder einengen noch am tiefen Durchatmen hindern. Achten Sie besonders bei längeren Flügen darauf, dass Sie nicht zu enges Schuhwerk anziehen, weil Füße und Beine etwas anschwellen können. Wer Angst vor einer Thrombose hat, zieht am besten Kompressionsstrümpfe (Sanitätshaus) an. Manche Airlines bieten ihren Fluggästen strumpfartige Bordschuhe an.

- Für Reisen durch mehrere Klimazonen hüllen Sie sich am besten in den "Zwiebellook": Mehrere Schichten dünner Kleidungsstücke, die nach und nach aus- oder angezogen werden können.

Zeitplanung und Anfahrt

- Benutzen Sie öffentliche Verkehrsmittel, wenn es sich einrichten lässt. Wer sehr nervös ist, sollte die Finger vom Steuer lassen, außerdem spart man sich die hohen Parkgebühren. Fahren Sie rechtzeitig los, damit nicht zusätzlicher Stress entsteht. Für Inlandflüge sollte man wenigstens 90 Minuten vor Abflug auf dem Flughafen sein, für Ausland und Charterflüge zwei bis drei Stunden vorher.

Essen und Trinken

- Steigen Sie nicht mit leerem Magen ins Flugzeug. Verfallen Sie aber auch nicht in das andere Extrem. Wer partout nichts zu sich nehmen kann, sollte ein Glas Tomatensaft trinken. Er gaukelt dem Magen eine Suppe vor und animiert den Parasympathikus (siehe Kapitel "Angst bewusst machen", Seite 18), beruhigend tätig zu werden.

- Verzichten Sie auf Kaffee, schwarzen Tee und Alkohol. Speziell Alkohol bewirkt in der trockenen Atmosphäre einer Flugzeugkabine einen Flüssigkeitsmangel im Körper (Dehydrierung). Die Folge: allgemeines Unwohlsein. Außerdem gehen Alkohol, Koffein und Nikotin ab 2500 Meter Höhe wesentlich schneller ins Blut über als auf der Erde. Dadurch reduziert sich der Sauerstoffgehalt des Blutes. Diese körperliche Stresssituation kann zusätzliche Angst auslösen.

Einchecken

- Beim Einchecken nie zu einem Schalter gehen, an dem zwei Personen sitzen. Eine davon wird gerade angelernt und fühlt sich vermutlich noch unsicherer als Sie selbst.

- Je früher man am Counter eincheckt, umso leichter können Ihre speziellen Wünsche erfüllt werden. Nahezu alle Fluggesellschaften ermöglichen die Sitzplatzreservierung bereits bei der Buchung im Reisebüro.  Heute ist es Gang und Gäbe, den Flug übers Internet zu buchen, sich seinen Sitzplatz selbst herauszusuchen und auch direkt einzuchecken, wenn man kein Gepäck aufgeben muss. Die Einsteigekarte druckt man sich zuhause auf dem Drucker selbst aus. Das erspart das Anstehen am Counter und den Zufall, irgendwo in der Maschine zu sitzen. Auf fast allen Flughäfen gibt es auch Eincheck-Automaten, mit denen man sich die Bordkarte selbst ausdrucken kann. Bitten Sie das extra dazu bereit stehende Bodenpersonal, Ihnen dabei zu helfen.

- Bekennen Sie sich zu Ihrer Flugangst. Man wird besonders bemüht sein, Ihren Wünschen nachzugeben. Sie sind Kunde und nicht Bittsteller. Wer allerdings wesentlich zu früh kommt, wird schon mal weggeschickt, weil früher abfliegende Gäste Vorrang genießen. Fast alle Fluggesellschaften betreiben an größeren Bahnhöfen und Flughäfen Schalter, an denen sich die Formalitäten – wenn Sie kein Internetbenutzer sind - schon einen Tag vor Abflug regeln lassen.

- Wenn Sie zu zweit fliegen, lassen Sie sich einen Fenster- und einen Gangplatz geben. Sie können sich dann immer noch mit dem Passagier auf dem Mittelplatz arrangieren, wenn dieser Platz überhaupt vergeben wird. Wenn der Partner den zweiten Gangplatz nimmt, kann man sogar Händchen halten. Die meiste Beinfreiheit herrscht in der ersten Reihe, und die gibt es auch in der preiswerten Touristenklasse.

- Für den ersten Flug muss es nicht unbedingt ein Fensterplatz sein. Mehr optischen Abstand zur Tiefe/Höhe und vor allem mehr Beinfreiheit und Unabhängigkeit, wenn man aufstehen will, gewährt der Platz am Gang. Weil man den Blick nach vorn durch das gesamte Flugzeug schicken kann, kommt das Gefühl des Eingesperrtseins nicht oder weniger stark auf. Wer schon beim Autofahren oder auf einem Schiff unter Reise- oder Seekrankheit leidet, sollte sich einen Sitzplatz in der Mitte des Flugzeugrumpfes geben lassen.

Stationen einer Flugreise

Ein Flug überrascht auch den Vielflieger mit einer Vielzahl von Reizen, die der eine als angenehm abenteuerlich, als Schnuppern am Duft der großen weiten Welt, der andere wiederum als lästig empfindet. Wer noch nie geflogen ist, dem erscheint dieses Ereignis erst einmal bedrückend und verwirrend. Ähnlich ging es wohl unseren Vorfahren, als sie das erste Mal ein Auto besteigen durften oder das Radio erlebten. Aber Sie werden sehen, wie rührend und freundlich sich die meisten Fluggesellschaften um ihre Passagiere bemühen. Wenn Sie der Begrüßungsperson gleich beim Einsteigen zuflüstern, was Sie für ein Problem haben, dann ganz besonders.

Wenn Sie schon einige Flugkilometer hinter sich haben, können Sie sicher etliche Passagen dieses Kapitels "überfliegen". Die detaillierte Aufgliederung der einzelnen Stationen vor, während und nach dem Flug will Sie jedoch darauf vorbereiten, individuelle Krisensituationen mit gezielten, vorher geübten Entspannungsmethoden möglichst im Keim zu entschärfen, bevor sich Angst aufbaut.

Ihr persönlicher Flugbegleiter

Das nun folgende Kapitel ist nicht nur zum Lesen, sondern auch zum Durcharbeiten gedacht. Stationsweise greift es zentrale Situationen einer Flugreise auf und gibt Ihnen Anregungen für Ihr persönliches Krisenmanagement. Die leeren Zeilen füllen Sie selbst aus, als Gedankenstütze. Schließlich wissen Sie nach dem Studium des Kapitels "Strategien zur Entkrampfung" am besten, mit welchen Übungen Sie Atem, Kopf, Magen, Herz und Kreislauf und erst recht Ihre Gedanken im Zaum halten und beruhigen. Wenn Sie dieses Buch nicht ohnehin mitnehmen, kopieren Sie sich doch einfach die Übungsseiten aus diesem Kapitel.

Welches ist Ihre persönliche "Feuerwehrübung", falls sich wider Erwarten doch panische Gedanken aufbauen? Als schnellwirksam erwies sich in Flugangstseminaren der "Muskelpanzer" (siehe Seite 57). Schnell mal üben!

Sie buchen einen Flug

Versuchen Sie, sich schon jetzt einen Platz am Gang und in der Mitte des Flugzeuges reservieren zu lassen. Bekennen Sie sich zu Ihrer Flugangst; dann kommen Sie von Anfang an in den Genuss einer Sonderbehandlung, etwa als Letzter ein- und als Erster aussteigen zu dürfen.

Noch eine Woche bis zum Flug

Erzählen Sie Ihren Freunden, Kollegen oder Verwandten von Ihrer Flugangst und dass Sie dennoch fliegen werden, von Ihrem Willen, sich und die Angst zu überwinden. Man wird Sie bewundern. Und auch Sie können auf sich stolz sein.

Üben Sie die progressive Muskelentspannung. Je häufiger Sie Ihre verschiedenen Muskelpartien anspannen, umso gezielter (und unauffälliger) gelingt es Ihnen, eine partiell begrenzte Muskelregion zu entspannen. Üben Sie, wo Sie gerade daran denken: an der Bushaltestelle, in Auto, Bus, Bahn, beim Anstehen im Supermarkt, auf der Rolltreppe, im Büro.

Machen Sie sich eine Checkliste und beginnen Sie rechtzeitig mit dem Packen. Vergessenes fällt einem auch ein, wenn man noch nicht in der Wartehalle sitzt, also gönnen Sie sich etwas Reserve.

Morgen werden Sie fliegen

Vermeiden Sie an diesem Abend Alkohol oder schweres Essen. Sorgen Sie durch "Atmen mit spannungslösender Wirkung" (Kapitel "Strategien zur Entkrampfung", Seite 42) für ruhigen Tiefschlaf. Die Fantasie macht keinen Unterschied zwischen Angst und Freude.

Also: realistisch bleiben. Lassen Sie aufregende Bettlektüre im Bücherregal. Bleiben Sie locker. Es wird alles gut gehen.

Am Morgen Ihres Fluges

Vermutlich beunruhigt Sie der Gedanke an den heutigen Flug. Vielleicht sind Sie aber auch stolz auf sich, dass Sie zu Ihrer Entscheidung stehen. Damit hätten Sie schon eine entscheidende Hürde geschafft. Denn wenn Sie jetzt kneifen, lässt sich das zwar verheimlichen; aber Ihre Flugangst siegt, verstärkt sich womöglich und wird Sie ein Leben lang knebeln - und das nicht nur in Verbindung mit dem Fliegen. Setzen Sie den "Muskelpanzer" solange ein, bis Sie sich im Spiegel lächeln sehen. Dies ist der Tag der Befreiung. Sie lösen sich von der Flugangst, indem Sie ihr fest ins Auge schauen. Und Sie werden sich großartig fühlen.

Frühstück, Mittagessen?

Sie glauben, dass Sie keinen Bissen essen können? Erinnern Sie sich an das Kapitel "Angst bewusst machen" (Seite 18). Nichts essen aktiviert den Sympathikus, Aufruhr im Körper zu veranstalten. Ein bisschen Essen hingegen hilft dem Parasympathikus, für Ruhe und Ausgeglichenheit zu sorgen. Lassen Sie die Finger von Kaffee, schwarzem Tee, Cola und Alkohol. Ein Kräutertee hält Sie heute besser in Balance. Wenn Sie erst am Nachmittag fliegen, dann gönnen Sie sich ein superleichtes Mittagessen; vielleicht nur einen Snack mit Salat oder eine Suppe. Fliegen mit leerem Magen schmälert auch Gern-Fliegern das Vergnügen.

Zum Flughafen fahren

Vermeiden Sie jede Hektik. Wenn Sie mit dem Auto

anreisen, haben Sie sicher bei einem früheren Besuch bereits das Parkterrain sondiert und wissen, wohin Sie fahren müssen. Unproblematischer ist es, mit der Bahn

oder einem der Airliner-Pendelbusse anzureisen, vor allem wenn Sie nicht viel Gepäck haben. Nehmen Sie auf jeden Fall einen Turnus früher, als unbedingt notwendig ist. Auch Bahnen und Busse bescheren einem gelegentlich ungewollte Verzögerungen.

In der Abflughalle
Jede Fluglinie hat ihre(n) eigenen Schalter. Außerdem teilen sich große Flughäfen in drei Bereiche: Inland-, Ausland-, Charterflüge. Wenn Sie sich nicht zurechtfinden, fragen Sie entweder Flughafenpersonal oder an einem freien Schalter. Stellen Sie sich vor, Sie seien in einem neuen Kaufhaus. Auch da weiß man am Anfang nicht, wo welche Waren untergebracht sind. Das regt Sie doch auch nicht auf, oder?

Einchecken (Gepäckaufgabe)
Hier geben Sie, bis auf ein Stück Handgepäck, Ihr Ge-

päck auf: Auch ohne Gepäck benötigen Sie hier Ihr Flugticket. Die Bodenstewardess stellt eine Einstiegskarte (Boarding-Card) aus, auf der Ihr Sitzplatz, das Abfluggate (auch Flugsteig) und die Einsteigezeit vermerkt sind. Für das Gepäck erhalten Sie nach der Aufgabe einen Beleg, der auf Ihre Ticketkopie geklebt wird. Vermutlich müssen Sie einige Zeit in der Schlange warten. Eine gute Gelegenheit, um Hände und Unterarme zu entspannen. Also nacheinander erst die eine Hand zur Faust ballen und die Spannung fünf Sekunden halten. Nach 20 Sekunden Pause die andere Hand ballen, halten und lösen. Je länger Sie anstehen müssen, umso lockerer und sicherer reichen Sie später Ihr Ticket über den Tresen. Und die anderen merken nichts davon.

Der Weg zum Gate (Das Boarding)
Auf Ihrer Boarding-Card stehen nicht nur Ihre Flug- und Ihre Sitzplatznummern, sondern auch, zu welchem Terminaltor (Gate) Sie gehen müssen und die Boarding-(Einsteige-)zeit. Dieser Vorgang benötigt aller-

dings ein bisschen Zeit, der Sicherheit zu Liebe. Die erste Sperre prüft, ob Sie überhaupt eine Boarding-Card besitzen. Sie berechtigt Sie zum Eintritt in die Sicherheitszone für Flugpassagiere. Abholer müssen außerhalb dieser Zone warten. Vielflieger nennen diese Station: "Mit dem Ticket winken".

Sicherheitskontrolle

Sie dient, wie der Name sagt, der Sicherheit von Passagieren, Flugzeugen und Besatzung. Das Handgepäck wird durchleuchtet. Mit einem Metalldetektor als Handgerät oder einem Detektor-Tor, das man durchschreitet, werden die Passagiere auf metallische Körper abgesucht. Zunehmend sind sogenannte Körperscanner zu absolvieren, auf dem man tatsächlich noch ein Päckchen Papiertaschentücher entdecken kann.

Mäntel, Jacken, Taschen, Handy, Schlüssel, Geldbeutel wandern in einer Kunststoffwanne durch das Durchleuchtungsgerät. Schon ein kleiner Schlüssel in der Jackentasche, ein Eurostück oder eine metallische Schuheinlage bringt die Sensoren zum Piepsen. Und das ist gut so. Es könnte ja auch etwas Gefährlicheres sein. Falls sich wieder eine Schlange gebildet hat, kneifen Sie im Stehen die Gesäßmuskeln fest zusammen, fünf Sekunden halten und lösen. Nach 20 Sekunden Pause wiederholen Sie diese Übung, die Ihnen verstärkte Standfestigkeit und neue Energie verleiht.

Passkontrolle

Wer das Land verlässt, muss durch die Passkontrolle. Innerhalb Europas entfällt sie inzwischen bei den meisten Ländern. Im Ausland, besonders in osteuropäischen Ländern, nimmt man sich dafür etwas Zeit. Wenn Sie nicht zufällig steckbrieflich gesucht werden und Ihr Pass gültig ist, haben Sie nichts zu befürchten. Wieder Zeit, um Hände und Gesäß zu beschäftigen. Das wohltuende Gefühl breitet sich über Unterarme und Oberschenkel aus.

Im Warteraum des Gates

In den meisten Flughäfen gruppieren sich Sitzplätze und -bänke um das jeweilige Gate, an dem Ziel und Abflugzeit angezeigt sind. Auch hier betreibt die Fluggesellschaft einen Schalter, an dem Reisende, die nur Handgepäck mitnehmen, direkt einchecken können. Bleibt noch Zeit bis zum Einsteigen, können Sie im Sitzen gezielte Entspannungsübungen durchführen oder ein bisschen herumlaufen. Bewegung leitet Angst ab.

Wenn Ihnen das passive Abschalten nicht gelingt, dann üben Sie sich in kommunikativer Entspannung; eine Strategie, die auch in alltäglichen Situationen wahre Wunder wirkt. Kommunizieren Sie mit den Augen und dem Mund: Verwickeln Sie Mitreisende oder Mitwartende in ein Gespräch. Sprechen Sie ruhig über Ihre Flugangst oder über etwas anderes, möglichst Positives.

Vielleicht geht es einem anderen Reisenden ähnlich. Lächeln Sie. Loben Sie. Trösten Sie. Machen Sie Komplimente. Seien Sie nachsichtig mit quengelnden Kindern, hysterischen Müttern und gehetzten Flughafenangestellten. Erzeugen Sie Freude in fremden Gesichtern. Oder wie wäre es mit einem stillen Gebet?

Kommen trotzdem negative Gedanken, dann formulieren Sie sich daraus sofort positive, wie Sie es im Kapitel "Angst kommen lassen und ertragen" gelernt haben. Setzen Sie beim ersten Anflug von Angst die gelernten Atem- und Entspannungsübungen ein: Arme, Bauch, Rücken, Beine. Wenn Sie sich dessen schämen, gehen Sie dazu einfach auf die nächste Toilette. Üben Sie bereits zu Hause vor dem Spiegel, damit Sie die wichtigsten Details der progressiven Muskelentspannung unsichtbar beherrschen.

Blinkende Lämpchen an den großen Anzeigetafeln für Abflüge bedeuten, dass bereits mit dem Einsteigen in den Zubringerbus oder über den "Finger" (beweglicher Flugsteig) direkt ins Flugzeug begonnen wurde.

Mit dem Bus zum Flugzeug

Nichts Besonderes, das Busfahren. Mit Glück ergattern Sie einen Sitzplatz. Meistens muss man die paar hundert Meter stehen. Halten Sie sich an einer Haltestange (nicht an einer Schlaufe) fest und pressen Sie Ihre Hände im Rhythmus der An- und Entspannungsübungen fest darum. Spüren Sie die Wärme an der Griffstelle? Das sind Ihre Unnützspannungen, die im Bus zurückbleiben. Suchen Sie sich nach 20 Sekunden Entspannung eine kühle Stelle an der Stange und pressen Sie noch einmal, als wollten Sie die Flugangst restlos in den Bus leiten.

Ins Flugzeug einsteigen

Erfahrungsgemäß wird tüchtig gedrängelt auf der Gangway. Das ist natürlich Unsinn, denn schließlich besitzt jeder Passagier einen für ihn reservierten Platz wie in der Oper und die Gepäckfächer über den Sitzreihen sind in der Regel so geräumig, dass niemand fürchten muss, zu kurz zu kommen.

In großen Maschinen steigt man vorne und hinten ein. Welcher Einstieg für Sie am günstigsten ist, sagt Ihnen das Bodenpersonal. Immer öfter werden die Fluggäste reihenweise aufgefordert, einzusteigen.

Falls Sie sich von der Masse nicht mitziehen lassen wollen (auch eine Möglichkeit) warten Sie einfach, bis sich die Reihen lockern. Wartezeiten überbrücken Sie wieder mit Übungen für Hände und Gesäß. Wenn das Einsteigen auf den Treppenstufen stockt, pressen Sie das Gangway-Geländer rechts und links. Weg mit den Unnützspannungen!

Einsteigen durch den "Finger"

Dieser bewegliche Flugsteig stellt die Verbindung zwischen Abflughalle und Flugzeug am kürzesten und bequemsten her. Es sind nur ein paar Schritte bis zum Flugzeug, wo Sie vom Purser/Purserette (neuzeitlicher Begriff für den/die leitende/n Steward/Stewardess an Bord) begrüßt werden -und aktuelle Tageszeitungen erhalten. Wenn es Ihnen hilft, dann sagen Sie dieser Person gleich, dass Sie unter Flugangst leiden. Wenn Ihnen das zu peinlich ist, schreiben Sie das Wort "Flugangst" (englisch: fear of flying) schon zu Hause auf ein kleines Kartonstück, später Ihre Sitzplatznummer, und drücken Sie es dem Steward oder der Stewardess in die Hand. Man wird sich dann besonders um Sie bemühen.

Platz nehmen

Falls Sie wider Erwarten einen Fensterplatz für sich auffinden, bieten Sie ihn einem anderen Passagier an, der am Gang sitzt. Sofern er nicht unter Flugangst leidet, bereiten Sie ihm damit eine große Freude. Sie können Ihr Handgepäck unter Ihren Sitz stellen oder auch zusammen mit Mantel oder Jacke in das Gepäckfach unter der Kabinendecke legen. Falls dort schon alles "vollgestopft" ist, wird sich das Bordpersonal um einen Gepäckplatz kümmern. Ihre Jacke können Sie auch an den Verschlusshaken des hochgeklappten Tischchens an der Lehne Ihres Vordermanns hängen.

Erst einmal tief und langsam ausatmen (denken Sie an Ihr Codewort) und einatmen. Die Hände liegen auf dem Bauch und verfolgen den Strom des Atems. Atmen Sie so tief und so langsam, wie Sie können, ohne in Atemnot zu geraten. Die Belüftung im Flugzeug produziert ein Überangebot an Sauerstoff, der Ihr Blut anreichert.

Anschnallen

Der Anschnallgurt ist keine Fessel, sondern ein Sicherheitsgurt wie im Auto. Dachten Sie nicht schon immer, dass man sich auch in Bussen eigentlich anschnallen sollte? Im Bus ruckelt und holpert es nämlich unvergleichlich stärker als selbst bei Turbulenzen in einem Flugzeug. Wenn Sie nicht wissen, wie das Anschnallen und Anpassen des Gurtes funktioniert, sehen Sie Ihrem Sitznachbarn zu oder fragen Sie die Flugbegleiter.

Die Tür wird geschlossen

Die Luft der Klimaanlage, die noch eben aus dem Flugzeug strömen konnte, muss sich nun durch kleine Öffnungen zwängen. Dadurch steigt der Druck plötzlich ein wenig an, aber viel geringer als beim schnellen Schließen der Autotür bei laufendem Lüftungsventilator. Ein kurzes Lichtflackern bedeutet, dass das Flugzeug von Außenstrom auf Eigenversorgung umgeschaltet hat. Bei der Landung wiederholt sich dieser Vorgang in umgekehrte Weise.

Sicherheitsanweisungen der Flugbegleiter

Sie sind reine Routine und kein Grund zur Besorgnis. Im Gegensatz zu Hotels, Kinos und Theater, wo sich der Gast wegen der Fluchtwege im Notfall selbst schlau machen muss, wird genau erklärt, wo sich Ausgänge, Toiletten und (naja) die Schwimmweste befinden. Etwaige Sorgen bezüglich der Atmung bei Druckabfall finden Sie auf Grund der Vorführung von Sauerstoffmasken nun nicht bestätigt. Es ist alles gut. Die "berühmte Tüte" befindet sich, zusammen mit einer

Schemazeichnung des Flugzeugs und einem Unterhaltungsmagazin der Fluglinie vor Ihnen im Gepäcknetz. Diese Tüten sind übrigens als Kuriosität ein Sammelobjekt von Vielfliegern - und auch Sie werden sie nicht brauchen.

●
_____

_____

_____

Das Flugzeug rollt in Startposition

Das ist wie Omnibusfahren. Je nachdem, ob man durch den "Finger" oder per Bustransfer direkt ins Flugzeug eingestiegen ist, dauert das Rollen übers Flugfeld länger oder kürzer. Nach diesem Geholper werden Sie überrascht sein, wie ruhig das Fliegen ist.

●
_____

_____

_____

Beschleunigung und Start

Beim Start bringt der Pilot die Triebwerke auf volle Touren, um die größtmögliche Beschleunigung zu erreichen. Deshalb das Aufbrausen der Turbinen und das Zittern des Flugzeugs, das Autofahrer kennen, wenn man an der auf Grün umspringenden Ampel mit Vollgas lospreschen möchte. Ein Motorrad hebt vorne ab, wenn kurzfristig zu viel Kraft auf das Hinterrad übertragen wird. Das Prinzip beim Start eines Flugzeugs ist ähnlich.

Das Fahrwerk wird eingezogen

Diesen Rums spürt und hört man in der Kabine. Kein Grund zur Besorgnis. Alles klar. Der Vogel fliegt und braucht seine "Beine" erst wieder bei der Landung.

Steigflug

In den ersten Minuten steigt das Flugzeug besonders stark und zieht eine sanfte Kurve, um den Luftraum des Flughafens möglichst schnell zu verlassen. Aus Sicherheitsgründen und damit Sie Neigung und Schub weniger spüren, müssen alle Rückenlehnen gerade gestellt sein. Bei den meisten Menschen schließen sich die Ohren, um den Druckwechsel auszugleichen. Das passiert auch, wenn man über einen Bergpass fährt. Grund: Das Trommelfell reagiert sensibel auf Druckschwankungen. Bei Druckanstieg wölbt es sich nach innen und bei Druckabnahme nach außen. Zwischen Trommelfell und dem Nasen-Rachen-Raum befindet sich die eustachische Röhre, auch Ohrtrompete genannt. Sie sorgt mehr oder weniger schnell für Druckausgleich; bei Schnupfen weniger, beim Gähnen oder Hineinblasen in die zugehaltene Nase mehr. Während des Fluges wird der Druck in der Kabine konstant gehalten.

Einfacher Trick: Speichel schlucken oder ein Bonbon lutschen. Oder durch die zugehaltene Nase versuchen auszuatmen. Dann gehen die Ohren schnell wieder auf: Babys gibt man aus diesem Grund bei Start und Landung die Flasche.

●
_____
_____
_____

Das Anschnallzeichen erlischt

Theoretisch können Sie jetzt den Gurt lösen, es sei denn, die Stewardess empfiehlt (häufig prophylaktisch), wegen möglicher Turbulenzen angeschnallt zu bleiben. Trotzdem darf man jetzt aufstehen und die Toilette aufsuchen.

Ruhiger Flug

Haben wir zu viel versprochen? Fliegen ist ruhiger als Bus-, Bahn- oder Autofahren. Die Fluggeräusche an Bord kennen Sie vielleicht schon aus dem Internet? Im Vergleich zu einem Automotor, der ständig mit wechselnden Drehzahlen gefahren und durch Bremsen gedrosselt wird, klingen Fluggeräusche monoton, fast einschläfernd. Und wenn sie trotzdem kommt, die Angst? Schalten Sie sie mit ihrer wirksamsten Entspannungsübung ab. Was hilft Ihnen am besten, schnellsten, um ihr den Boden zu entziehen?

Unruhiger Flug

Früher mussten Flugzeuge wegen geringerer Gipfelhöhen durch Sturm und Gewitter fliegen. Dank weltweit kooperierender Wetterstationen wird der Pilot über bevorstehende Turbulenzen rechtzeitig informiert. Entweder bleibt die Maschine gleich auf dem Boden oder man umfliegt oder überfliegt die unangenehmen Wetter. Trotzdem lassen sich Turbulenzen nicht ausschließen. Auch im Auto wird man schon einmal von einem Schneesturm oder starken Regengüssen überrascht. Doch im Gegensatz zur Fahrbahn, wo man sich dann mühsam an Wegmarken orientieren muss, findet das Flugzeug via Autopilot - und aufmerksam beobachtet von den verschiedenen Fluglotsen entlang der Flugstrecke - seinen Weg. Entspannen Sie sich. Denken Sie an den Piloten, der solche Situationen täglich meistert und auch heil bei seiner Familie ankommen möchte.

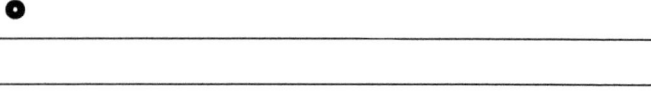

Es wird serviert

Auch wenn die rollende Bordbar verführerisch klimpert: Verzichten Sie auf Alkohol, Cola-Getränke,

Tonic, Kaffee und Tee. Sie alle erzielen Wirkungen, die Ihren Körper in zusätzliche Unruhe stürzen. Trinken Sie stattdessen Apfelsaft, Tomatensaft oder Mineralwasser ohne Kohlensäure. Ärzte empfehlen einen Viertelliter Flüssigkeit pro Stunde, weil die Kabinenluft besonders „trocken" ist. Wer von einer Stewardess bekleckert wird, erhält automatisch einen Reinigungsgutschein, den man am Schalter der Fluglinie am Flughafen gegen Bargeld eintauschen kann.

Sie möchten auf die Toilette

Gut, wenn Sie auf einem Gangplatz sitzen. Sie können nach dem Abschnallen leicht aufstehen, ohne jemanden zu stören. Außerdem können Sie sehen, ob die Leuchtzeichen der Toilette besetzt/rot oder frei/grün

signalisieren. Die Toilette ist eine zwar kleine, aber schicke Kabine mit Waschtisch und Ablagen für Kosmetikutensilien. Die Spülung funktioniert wie in modernen Eisenbahnwagen: auf Knopfdruck.

Vorbereitung zur Landung

Die Chef-Stewardess bittet die Passagiere, sich hinzusetzen und anzuschnallen:

"Wir haben unsere Reisehöhe verlassen." Der Sinkflug beginnt, so sacht, dass Sie es kaum spüren. Vielleicht schließen sich Ihre Ohren. Sie gehen wieder auf, bemerkbar am Knacken, wenn Sie tüchtig schlucken oder ein Bonbon lutschen.

Landeklappen seufzen

Um die Fluggeschwindigkeit beim Landeanflug drosseln zu können, ohne die Flugeigenschaften zu verändern, werden die Landeklappen in den Tragflächen als Widerstand hochgestellt. Wer die Tragflächen sieht, kann das gut beobachten. Zugegeben: ein ungewöhnliches Geräusch, aber nur beim ersten Flug.

Das Fahrwerk wird ausgefahren

Das Einrasten des Fahrwerks in seine Landeposition ist körperlich zu spüren. Das ist normal. Schließlich müssen die "Beine" des Flugzeugs 300 und mehr Tonnen Gewicht gut abfedern, wenn sie den Boden berühren.

Landung

Die meisten Landungen verlaufen ruhig, aber spürbar, so, als ob man sich mit Schwung in einen Sessel fallen lässt. Manche Landebahnen allerdings weisen Unebenheiten auf, was die Sicherheit bei der Landung aber nicht einschränkt. Es kann passieren, dass das Flugzeug trotz Landeanflugs nicht landet, sondern durchstartet und noch eine Runde fliegt. Kein Grund zur Unruhe. Dem Tower erschien der Abstand zum vorher gelandeten Flugzeug zu gering und er ordnete eine zweite Landung an. Ist uns in 40 Jahren nur einmal passiert.

Die Triebwerke kreischen

Und nicht nur die Triebwerke, die zum schnellen

Bremsen auf Umkehrschub gestellt wurden: Zusätzlich fahren Störklappen aus den Tragflächen und bremsen die Geschwindigkeit des Flugzeugs auf Autogeschwindigkeit ab. Trotzdem wird Sie die Fliehkraft etwas nach vorne treiben, ähnlich wie in einem kräftig abbremsenden Auto.

Angeschnallt sitzen bleiben

Das fällt vielen Passagieren schwer. Alle wollen möglichst schnell und gleichzeitig aussteigen. Weil das Flugzeug aber nach der Landung noch bis zur Parkposition rollen muss, manchmal abrupt stoppt und wieder losfährt, ist es sicherer, sitzen zu bleiben, und zwar angeschnallt wie beim Stop-and-Go-Verkehr auf der Straße.

Aussteigen

Alle Lichtzeichen sind erloschen. Jedermann fischt nach seinem Gepäck. Beteiligen Sie sich nicht an dem allgemeinen Gedränge, sondern bleiben Sie sitzen, bis sich die Menschenschlange im Gang wirklich in Bewe-

gung setzt und Sie sich, ohne zu drängeln, "einfädeln" können. Den Rest kennen Sie schon, nur in umgekehrter Reihenfolge: Zubringerbus oder Finger, Passkontrolle; eventuell Gepäck abholen und am Zoll vorbei zum Ausgang. Apropos: Wo am Gepäckband auf den Koffer warten? Es fährt immer in die Richtung, in die die Schuppen zeigen.

Meeting-Point

Jeder Flughafen verfügt über nur "einen" Meeting-Point, der sich meistens in der Ankunftshalle befindet. Er ist gekennzeichnet durch einen roten Punkt mit Pfeilen vom Rand in die Mitte. Wenn also Ihr Abholer nicht zu sehen ist, deponieren Sie sich nach einer gewissen Wartezeit samt Gepäck am Meeting-Point. Vielleicht befindet sich dort eine Nachricht? Auf alle Fälle sind Sie dort, selbst im größten Flughafen der Welt, wiederzufinden.

Was Sie sonst noch gegen Flugangst tun können

Ein großer amerikanischer Flugzeughersteller schätzte vor einigen Jahren, dass den Fluglinien zwei Milliarden Dollar jährlich entgehen, weil potenzielle Passagiere sich wegen ihrer Angstgefühle nicht an die Ticketschalter trauen. Deshalb wurden bereits 1981 spezielle Seminare gegen Flugangst entwickelt.

Seminare für entspanntes Fliegen

Sie sind zweitägig und finden an Wochenenden in Flughafenstädten Deutschlands statt. Wir interviewten dazu den aus Funk und Fernsehen bekannten Flugangsttrainer Dr. Dieter Schiebel, der seit 25 Jahren Seminare (www.flugangst-service.de) gegen Flugangst durchführt.

Wie alt sind diese Teilnehmer?

Dieter Schiebel: Die Mehrheit der Teilnehmer ist zwischen 31 und 50 Jahre alt. Die größte Altersgruppe stellen die 31-bis 40-jährigen. Der jüngste Teilnehmer bisher war 13, der älteste 74 Jahre alt.

Wie viele Teilnehmer lernten bei Ihnen schon entspanntes Fliegen?

Dieter Schiebel: Seit 1989 besuchten mehr als 14.000 Personen unsere Seminare. Die Teilnehmerzahlen je Seminar liegen zwischen sechs und zwölf Personen. 56 Prozent der Teilnehmer arbeiten in einem Angestelltenverhältnis, 25 Prozent sind selbstständig und 19 Prozent Hausfrauen, Schüler, Studenten, Rentner oder Privatiers. In den vergangenen fünf Jahren nahmen durchschnittlich 57 Prozent Frauen und 43 Prozent Männer teil. Das lässt vermuten, dass es Frauen leichter fällt, sich ihre Angst einzugestehen. Viele der Teilnehmer sind schon einmal oder sogar sehr viel geflogen. Das deutet darauf hin, dass die Flugangst nicht allein mit der Erfahrung abnimmt.

Wie sieht der Ablauf eines Wochenendseminars aus?

1. Tag : Kennenlernen der Teilnehmer. Gespräche: Wie erlebe ich meine Angst und wie gehe ich mit ihr um? Wie wird Angst ausgelöst? Psychologische Verfahren zur Angstbewältigung? Entspannungstraining . Technische Information durch einen Piloten. Anwendung der aktiven Selbsthilfe.

2. Tag: Wiederholung der psychologischen Verfahren. Wie lerne ich mit meiner Angst umzugehen? Vorbereitung auf den Flug. Gemeinsamer Flug vom Seminarort in eine deutsche Stadt und zurück. Mehr als 90 Prozent der Teilnehmer fliegen mit.

Manche Leute schämen sich vor solchen Gruppenveranstaltungen. Was dann?

Dieter Schiebel: Man kann auch Individualseminare buchen.

Kann man den Erfolg dieser Seminare messen?

Dieter Schiebel: Zwei Untersuchungen und eine Nachbefragung bei Seminarteilnehmern ergaben, dass bei rund 45 Prozent die Flugangst weitgehend verschwunden ist, 59 Prozent auch zwei Jahre nach dem Seminar nur noch etwas oder keine Angst mehr hatten, 90 Prozent auch fünf Jahre und mehr nach dem Seminar zu geschäftlichen und privaten Zwecken fliegen, 41 Prozent mehr als einmal im Jahr privat mit dem Flugzeug verreisen, 95 Prozent die im Seminar gelernten Übungen (Atemübungen und Progressive Muskelentspannung nach Jacobson wie in diesem Buch) weiterhin anwenden.

Literatur

- Beveren, Tim van: Runter kommen sie immer. Frankfurt: Campus, 4. Auflage 1997.
- Brasch, Christine/Richberg, Inga M.: Die Angst aus heiterem Himmel. München: Mosaik, 1994.
- Haas, Reinhard/Thorer, Axel: Reisen wie die Profis. Düsseldorf Econ, 3. Auflage 1996.
- Heermann, Jürgen: Warum sie oben bleiben. Insel Verlag 2012
- Marks, Isaac: Ängste verstehen und bewältigen. Berlin: Springer, 2.Auflage 1995.
- Rost, Wolfgang/Schulz, Angelika: Die Angst als Kraft nutzen. München: Südwest, 1996.
- Schenk, Christoph: Stress bewältigen durch Entspannung. Niedernhausen: FALKEN, 1996.
- Schmidt-Traub, Sigrun: Angst bewältigen. Berlin: Springer, 1995.

Eine Portion Fliegerlatein

Aircraft	Flugzeug
Airport	Flughafen
Airways	Luftstraßen
Approach	Landeanflug
Arrival	Ankunft
Autopilot	automatisches Flugzeugsteuerungssystem
Baggage	Gepäck
Baggage-Claim	Gepäck Zone, in der man sein Gepäck wieder abholt
Blockzeit	Zeitspanne vom Losrollen bis zum Parken
Boarding	Einsteigen ins Flugzeug
Boarding-Card	Bordkarte
Catering	Beladen mit Mahlzeiten und Serviceartikeln
Check	Test, Überprüfung des Flugzeugs
Check-in	Fluggastabfertigung am Boden / Gepäckaufgabe
Cockpit	Flugzeugkanzel,
Counter	Abfertigungsschalter
Customs	Zoll
Crew	Flugzeugbesatzung
Departure	Abflug
Destination	Zielflughafen
Direktflug	Verbindung mit Zwischenlandung
Exit	Ausgang

Finger	Bewegbarer Flugsteig zwischen Terminal und Flugzeug
Flaps	Klappen an der Tragflügelvorderkante
Galley	Bordküche
Gangway	Fluggasttreppe
Gate	Terminaltor zum Flugzeug
GearDoors	Fahrwerksklappen
GMT	Greenwich Mean Time, auf dem Null-Meridian basierende mittlere Ortszeit
Holding	Warteschleife
Jetlag	Wirkung der Zeitverschiebung auf körperliches Befinden
Jetstream	Starkwindbänder, meistens über dem Nordatlantik
Kerosin	Flugzeugtreibstoff
Klappen	bewegliche Vorrichtungen an den Tragflächen zur Auftriebserhöhung
Lounge	Aufenthaltsbereich im Terminal für privilegierte Fluggäste
Nonstop	Flug ohne Zwischenlandung
Offblocks	Losrollen zum Starten
Pet box	Tiertransportbehälter
Runway	Start- und Landebahn

Slats	Klappen an der Tragflügel Vorderkante
Steward/Stewardess	Flugbegleiter/in
Take-off	Start des Flugzeugs
Taxiway	Weg zwischen Runway und Vorfeld
Terminal	Abfertigungsgebäude im Flughafen
Timetable	Flugplan
Touch down	Aufsetzen des Flugzeugs
Tower	Kontrollturm
Trollies	Gepäckwagen
Vorfeld	Flugzeug-Parkraum auf dem Flughafengelände
Zeitzone	Abweichung der Zeit von GMT in Stunden